Mindfighter

Neurociência e Psicologia do Esporte para o Boxe, MMA e outras lutas

"Entrar em uma luta sem entender o
funcionamento do cérebro é como enxergar
apenas um pedaço de si mesmo e do adversário."

Tiago Canto

TIAGO CANTO

Mindfighter

Neurociência e Psicologia do Esporte
para o Boxe, MMA e outras lutas

DEDICATÓRIA

Dedico este livro a todas as crianças do passado e de hoje. Àquelas que se empolgaram vendo o primeiro filme de ação ou lendo quadrinhos sobre heróis. Àquelas que cresceram para se tornar seus próprios heróis, seja como lutadores ou professores.
Dedico também à minha esposa, Helena Guido, pelo carinho e apoio.
À minha terapeuta Regina Martins, pelo afeto e disposição em todas as horas.
Aos meus professores na Psicologia, Cassiano Pires e Tárcio Soares, que ofereceram muito mais do que era necessário para que eu me tornasse um profissional melhor.
Dedico esta obra também a todos os colegas de treino que dividiram seu espaço comigo nos ringues e tatames.
Principalmente, dedico aos meus alunos. A eles ofereço o conhecimento que não pude ter desde o início, mas quero ter a certeza de que eles vão alcançar.

Diagramação e edição

RODRIGO MORAES CUNHA

Revisão Ortográfica

LETÍCIA GABRIELA DA COSTA

Projeto Gráfico

RODRIGO MORAES CUNHA

Arte da capa

ESTÚDIO CASA.CC

Capista

RODRIGO MORES CUNHA

Dados Internacionais de Catalogação na Publicação (CIP)

C232m Canto, Tiago

Mindfighter: neurociência e psicologia do esporte para o Boxe, MMA e outras lutas / Tiago Canto. São Paulo : Clio Editora, 2022.

261 p.

ISBN: 978-65-00-46707-9

1. Psicologia do esporte. 2.Treinamento mental. 3. Lutas. I. Título.

CDU 159.92:796.8

Bibliotecária Responsável: Lara Santos – CRB 10/2531

SUMÁRIO

Prólogo

O primeiro lutador de quem vou falar não é um grande campeão. Trata-se de um pequeno judoca de apenas 10 anos de idade. Sim, a vida no esporte e nas lutas pode começar cedo, especialmente se pensamos em uma carreira de sucesso no futuro. Vamos entender como sua história começou.

O garoto estava participando do seu primeiro campeonato de judô, na faixa cinza, a segunda faixa de graduação para crianças na época. O sinal para o início da luta foi dado. Corajoso e impetuoso, nosso garoto partiu para cima dando um golpe com toda a força. O resultado? Frustração instantânea, já que ele imediatamente se viu deitado, observando a imagem do teto do ginásio de lutas. Foi nosso personagem quem havia caído após um contragolpe, arremessado de costas, dando a vitória ao adversário. Restava ao menino observar a imagem do teto e tentar entender o que aconteceu de errado.

Agora que o relato da primeira experiência de luta em competição deste garoto chegou ao fim, vamos analisar os fatos anteriores. O garoto treinou bastante, era um dos melhores da sua turma, estava fisicamente bem-preparado e lutou com outro menino da mesma idade, peso e graduação. O que pode ter acontecido de errado? Se o treino físico e técnico estava adequado, o que faltou? Mais importante ainda: como poderíamos ajudá-lo para que isso não aconteça de novo?

Muitos anos se passaram até que eu pudesse encontrar as respostas para estas perguntas. Neste tempo, este mesmo garoto se tornou um faixa-preta de taekwondo e professor de boxe. Mas além disso, se tornou também Psicólogo Clínico e Esportivo. Até escrever este livro que você está lendo agora.

A história acima é apenas o começo das

perguntas que fiz a mim mesmo de como unir mente e corpo através das artes marciais. As respostas vieram através da minha prática diária. Cheguei a elas após centenas de horas de estudo, atendimentos no consultório e em aulas que ministrei para praticantes de artes marciais.

Agora, todas estas experiências serão descritas neste livro, na intenção de ajudar ao máximo os atletas, professores e psicólogos do esporte.

Tudo para garantir que garotos como este também possam atingir seu máximo potencial físico e mental.

Introdução

Todas as artes marciais nasceram de uma necessidade de autodefesa. Com o passar do tempo, além do foco na proteção, passaram também a prometer o desenvolvimento mental dos praticantes através da sua filosofia, especialmente as lutas de origens orientais.

Com a evolução da civilização, foi natural que o objetivo das artes marciais tenha se modificado aos poucos. Em um mundo com leis, onde teoricamente o estado passa a garantir sua defesa, a violência entre civis se torna ilegal e passível de punição. Por isso, as artes marciais passaram a assumir um papel educacional. Mas se elas são educativas, o que elas ensinam? Como elas fazem isso?

Podemos dizer que, em geral, vemos pouco ou nenhum ensino de treinamento mental de forma estruturada na prática das lutas. O que vemos são tradições, como a cerimônia de início e fim de aula, quando os alunos alinhados se curvam ao mestre demonstrando respeito. Também vemos um senso de estrutura e unidade, quando observamos o uso de roupas tradicionais, como quimonos, que possuem um significado que raramente é explicado aos alunos.

Muito se fala na "Filosofia" de cada luta. Alguns preceitos destas filosofias até aparecem escritos em cartazes nas paredes das academias. Como exemplo de filosofia, podemos citar os lemas do caratê conhecidos como "Dojo-Kun". Já o taekwondo possui seus próprios lemas no "Espírito do taekwondo".

Mas uma filosofia é muito mais uma maneira de interpretar o mundo do que jogar algumas palavras ao vento. O praticante pode até seguir estas palavras como "integridade" e "perseverança" na sua vida. Com certeza elas trazem benefícios a quem tenta aplicá-las à sua rotina.

No entanto, seria preciso um desenvolvimento destas palavras educativas em aula pelo professor, de forma prática, para que o aluno realmente conseguisse aplicar estes conceitos em outras áreas da vida.

Infelizmente, poucos instrutores de lutas têm acesso a este tipo de conhecimento, porque simplesmente não há um método que tenha sido passado a eles que auxilie nesta difícil tarefa. Para compensar, muitos se esforçam e até acabam trazendo sua própria "filosofia de vida" para tentar acrescentar algo mais aos alunos.

Eu acredito que estes professores, que normalmente são apaixonados pelas suas próprias artes marciais, e que se sacrificam muitas vezes para mudar a vida dos seus alunos, merecem muito mais conhecimento para facilitar seu trabalho.

Os professores precisam ter acesso a mais conhecimento científico. Mas, para que possam educar e passar adiante o que sabem, é preciso que recebam esta educação. Este livro pode servir como um manual de treino mental para cada um de vocês, treinadores. Também pode ser muito útil para os lutadores, para que tenham esta obra como um guia para trabalhar a sua força mental.

Seja para competir, ou mesmo para o lazer, é preciso se sentir bem no seu esporte. Afinal, tanto o esporte de alto rendimento como aquele praticado apenas pelo bem-estar, podem ser sinônimos de saúde mental.

As histórias a seguir são baseadas em minhas experiências pessoais e profissionais como praticante e instrutor de artes marciais, bem como na minha atuação na clínica como Neuropsicólogo Esportivo. Os nomes e detalhes das histórias foram modificados para preservar os envolvidos.

Capítulo 01

A psicologia do esporte e as neurociências

É possível dizer que a Psicologia do Esporte surge como um complemento para o treino que as artes marciais sempre prometeram dar, mas nem sempre entregaram: o Treino Mental. Mas o que seria o Treino Mental?

A Psicologia do Esporte bebe de várias fontes. Neste livro, vamos nos concentrar em fontes da psicologia baseada em evidências científicas, em especial, nas terapias cognitivascomportamentais e dados das neurociências.

Quando falamos em ciência, pensamos no sentido do método científico: uma maneira de saber o que é eficaz ou não, através de testes e retestes com uma grande quantidade de pessoas. Assim é possível saber o que funciona e o que é apenas uma casualidade ou correlação.

Resumidamente, podemos dizer que, para validar um protocolo de treino, seja físico ou mental, é preciso fazer uma pesquisa, por profissionais habilitados, com uma grande amostra de dados, para que um novo método tenha validade suficiente para ser indicado a várias pessoas. Esse é o mesmo processo que vale para remédios que são testados antes de ir para as farmácias. O que funciona com a grande maioria da amostra pesquisada, funcionará, em geral, para quase todos os indivíduos de características semelhantes. Mas nunca podemos esquecer que é preciso respeitar individualidades e realidades diferentes.

Por isso, após generalizar, é preciso adaptar. O conhecimento que nasce pela pesquisa não pode ser aplicado de forma bruta. Deve ser adaptado a cada realidade, tanto social como pessoal do atleta.

Sendo assim, o treino que funciona com sucesso em uma academia de wrestling no Oregon, pode ter pouca validade em um projeto social de jiu-jitsu em uma favela do Rio de Janeiro, simplesmente porque as realidades são diferentes. Ou pode ter muito a contribuir, se for aplicado respeitando esta realidade e adaptando-se a ela.

Por isso, se a arte marcial preza pela eficiência e adaptação, podemos dizer que ela e a ciência tem tudo para serem grandes parceiras de treino.

As técnicas da Psicologia do Esporte devem servir como um guia. Elas se dedicam a mostrar como nossos pensamentos e comportamentos afetam nosso desempenho no esporte. Ao mesmo tempo, também mostram como a prática do esporte afeta nossos pensamentos e comportamentos. Temos aqui um primeiro exemplo de equilíbrio: a Psicologia do Esporte se trata de corpo e mente se afetando mutuamente. Uma boa expressão do símbolo do *yin-yang,* tão presente nas artes marciais.

As neurociências surgem como uma forma

ainda mais concreta de avaliar estas mudanças nos pensamentos e comportamentos. Através de exames de imagens, é possível ver de que maneira cada sistema é ativado e afetado pelo que fazemos. Mas você não precisa decorar cada parte do cérebro e do sistema nervoso para aplicar este conhecimento na prática. Basta saber como este sistema, ou melhor, este conjunto de sistemas funciona. Nada melhor do que os exemplos do dia a dia dos ginásios e academias para compreender isso.

Capítulo 02

Jogando futebol de Kilt

Imagine uma equipe infantil de futebol, de um projeto social no Brasil. Ela possui um patrocinador estrangeiro: um clube escocês, que incentiva o projeto e algumas vezes acaba descobrindo algum talento que ascende para seu time profissional. Uma ótima chance de ajudar a quem precisa. Quem sabe, até uma oportunidade de descobrir um novo craque.

Para que o projeto funcione, é necessário contratar um professor da região, já que ele terá mais facilidade de se comunicar com as crianças do seu próprio país. Após ser contratado, um técnico de futebol brasileiro começa a trabalhar com a equipe, empolgado. Além do salário, este técnico recebe um material do time escocês que inclui protocolos de treino específicos. Quase não tem como dar errado.

Imagine também que, por se tratar de um projeto social, ele também terá caráter educativo. Por isso, além dos treinos físicos e táticos, o clube de futebol escocês passa uma série de diretrizes de como todos devem se portar nos treinos. São normas de educação que remetem diretamente aos costumes escoceses.

Além disso, uma surpresa: os uniformes. Cada criança recebeu um uniforme sem ter que despender nenhum centavo. Mas também há um lado preocupante nesta surpresa: os uniformes consistem em camisetas de mangas compridas e *kilts*, uma espécie de saia, muito tradicional entre os escoceses. É claro, não podemos esquecer do chapéu. O uniforme realmente representa a cultura escocesa. Muito eficaz para o frio europeu, mas pouco funcional para a temperatura tropical do Brasil.

Existem várias outras tradições que o projeto traz para as crianças. Antes de entrar em campo, os atletas precisam assistir a um voluntário tocar sua gaita de fole.

Depois dos rituais de início de aula, começam os primeiros treinos. As crianças, confusas, correm de um lado para o outro usando seus *kilts*, um pouco constrangidas, mas principalmente, vendo pouca funcionalidade no tecido grosso em um clima extremamente quente. Alguns cansam antes do tempo e pedem para ser substituídos. Ao pularem para cabecear, vemos a bola ir para um lado e o chapéu cair para o outro. O goleiro até gosta do chapéu, já que o protege do sol. Mas o atacante cometeu falta duas vezes ao receber a bola sem o seu chapéu e foi expulso.

A planilha de treinamento técnico e tático que o time escocês ofereceu à ONG foi excelente. Mas parece que seguir algumas tradições pode estar atrapalhando mais do que ajudando as crianças do projeto social. O pior: ninguém sabe por que estão fazendo isso.

Você pode considerar este exemplo que citei um pouco absurdo, mas muitas vezes, sem perceber, a história pode se repetir, principalmente no mundo das artes marciais.

Troque os patrocinadores escoceses por japoneses. Agora, coloque pesados quimonos de algodão nas crianças, no calor de 40 graus no Brasil, e você terá problemas parecidos. É exatamente o que acontece em uma aula de caratê: brasileiros, em um clima quente, usando pesadas roupas de estrangeiros, sem entender exatamente por que estão fazendo isso. Esta modalidade foi usada apenas como exemplo, veremos que isso acontece de certa forma com grande parte das artes marciais.

Algumas tradições são muito úteis, e ninguém está sugerindo eliminar o quimono dos treinos de judô, por exemplo, onde a vestimenta faz parte da especificidade do esporte, que é segurar e arremessar o adversário. Mesmo o caratê que usei como exemplo, também possui técnicas de pegada no quimono, o que justifica seu uso.

Outras tradições como cumprimentar antes de lutar, se colocar em fila e respeitar o professor são muito educativas, ensinando regras, respeito, trabalho em grupo, capacidade organizacional e cooperação. Mas é sempre importante pensar na necessidade da adaptação de algumas tradições. Entendendo cada uma delas, fica simples fazer esta análise.

O esporte de alto rendimento já compreendeu isso e fez as devidas adaptações. Os treinadores de alto rendimento entendem que o quimono tem sua hora e seu lugar, mas sabem também que fatores culturais e ambientais devem ser levados em conta. Isso é muito mais importante quando falamos em treinamento do que pensar apenas em tradições. Mesmo judocas podem treinar sem quimono em alguns momentos de preparo físico.

Mas se as roupas e tradições nem sempre são o maior problema, precisamos olhar com cuidado para os métodos de treino. Muitas vezes, seguimos uma metodologia de treino que parece ultrapassada para todos, desde o professor até os alunos, simplesmente porque aprendemos assim. Se sempre foi feito assim, provavelmente deveríamos seguir desse jeito. Será?

É importante pensar que as artes marciais sofrem com as traduções e, especialmente, com tradições que mais tem a ver com o gosto pessoal e contexto de quem ensinou do que com a eficiência. Isso não significa que os pioneiros e professores do passado ensinaram seus alunos de maneira errada. Muito pelo contrário, eles ensinaram com o máximo de conhecimento empírico disponível na sua época, da melhor maneira que puderam, e certamente sua metodologia foi útil para o público que eles tiveram no seu tempo.

As perguntas que devem ser feitas são:

1. Qual o objetivo deste treino?

2. É possível melhorar o que já é feito?

3. Existe um bom motivo para manter esta metodologia?

A parte mental das lutas também é assim. O que se entendia como filosofia antes, pode estar tão ultrapassado enquanto forma de treino mental como o método de treino físico de um século atrás.

Por isso, é preciso se abrir à experiência. Podemos usar o quimono porque ele funciona em determinado contexto, mas nunca só porque nosso professor também usava em um dia frio do

Japão.

É hora de repensar o treino mental assim como o treino físico foi revolucionado nas últimas décadas.

Capítulo 03

Darwin Faixa-Preta

Muitos países possuem suas próprias tradições em lutas. É esperado que as artes marciais sejam reflexo da cultura do próprio local de origem. Os japoneses são metódicos. Os americanos são pragmáticos. O Brasil não possui uma única característica. Possui várias. Podemos dizer que a principal característica do Brasil é a da adaptação. Isso se reflete na sua história com as artes marciais e em como elas se desenvolveram. Por isso, este país possui um excelente caso de modernização das artes marciais.

Enquanto escrevo este livro, em 2022, o Brasil

ainda é um país em desenvolvimento com grande desigualdade social. É a terra onde nasceu o jiu-jitsu brasileiro e o MMA (Mixed Martial Arts), inicialmente chamado de Vale-Tudo.

Seu povo é conhecido pela criatividade, que eu prefiro chamar de capacidade de adaptação. Um atributo bastante necessário para sobreviver em um ambiente inóspito. Justamente por isso, a capacidade de adaptação é elencada pelo próprio Charles Darwin, autor da Teoria da Evolução, como aspecto fundamental para a sobrevivência.

Dizia Darwin que, no curso da evolução, sobrevivia não aquele que fosse considerado o mais forte, como muitos acreditam, mas sim o indivíduo mais adaptável de cada espécie. Foi assim que nós, seres humanos, evoluímos.

Mas a batalha pela sobrevivência dos nossos antepassados não é garantia de tranquilidade para as próximas gerações, que sempre encontram novos desafios. O ambiente em que vivemos muda o tempo todo, e com as lutas não é diferente. A capacidade de adaptação trouxe grandes avanços no século vinte também para a luta.

O jiu-jitsu brasileiro, luta de nome que pouco lembra o idioma do Brasil, veio para quebrar diversas barreiras. Por consequência, também quebrou muitas articulações como cotovelos no processo. Trazido ao Brasil por um japonês, o jiu-jitsu foi desenvolvido em sua dinâmica de luta pelos brasileiros.

O jiu-jitsu brasileiro enfrentou uma série de desafios que seus próprios pioneiros promoveram entre as artes marciais, majoritariamente com saldo final positivo. Houve uma quebra de paradigma no mundo das lutas. Ao contrário de ossos, paradigmas quebrados nunca mais voltam ao lugar. Ainda bem.

Mais do que apenas desenvolver seu estilo de luta, os praticantes de jiu-jitsu aprenderam como enfrentar outras modalidades. Foram os primeiros a perceber que deveriam treinar levando a luta para onde tivessem mais vantagens. O grande salto não foi provar a superioridade de uma luta sobre outra. Foi provar a superioridade de um tipo especial de mentalidade: a necessidade de se adaptar.

Foi assim que os representantes do jiu-jitsu

trilharam um caminho sem volta, baseado nos fatos: fazer o que funciona para ganhar uma luta é o que vale.

Depois disso, novos cenários se seguiram. Houve a mudança de regras que levou o Vale-Tudo a se tornar o Mixed Martial Arts, uma competição com regras, divisão por *rounds*, categorias de peso e tempo delimitado, chegando nos moldes que conhecemos hoje. Regras estas instituídas pelas comissões de boxe, que passaram a regulamentar as competições deste novo campo esportivo.

Embora estas comissões tenham sido criticadas por governarem outra modalidade de luta em sua origem, é inegável a experiência secular das organizações de boxe. Elas têm conhecimento para instituir um modelo que busca deixar o combate em condições mais equilibradas entre os oponentes. Desta forma, as habilidades de cada lutador são o fator determinante na vitória, além de preservar minimamente os atletas.

Como uma novidade puxa outra, houve uma série de revoluções no mundo da luta. A revolução seguinte foi a invasão dos wrestlers no MMA, lutadores que trouxeram a sua experiência de um dos treinos mais duros que é possível fazer. Junte a isso a familiaridade com a rotina e de competição e temos oponentes extremamente eficientes. Isso porque eles possuem torneios quase todo final de semana.

Até pouco tempo atrás, o wrestling quase nem era mencionado quando se discutia qual seria a melhor luta no quesito eficiência em defesa pessoal. Mesmo assim, a modalidade se mostrou extremamente eficiente no MMA. Hoje, já é fácil observar que, se o MMA é o laboratório mais realista que existe em situações de defesa pessoal, o wrestling como método para a vitória foi aprovado com louvor.

Outra revolução foi o imenso salto da preparação física específica no MMA. Como todo esporte de alto rendimento, o MMA profissional se viu inundado por preparadores físicos. Eles fizeram da ciência o seu instrumento para ajudar diversos lutadores a alcançarem o máximo potencial físico. Até porque não existe nada mais triste do que ver um lutador tecnicamente superior sucumbir ao cansaço, e não ao adversário. Nas academias, o ditado que mostra a importância da preparação física é: "O faixa-preta que cansa no meio da luta volta a ser um faixa-branca.". Uma triste verdade.

Mas talvez a mudança mais importante tenha sido a implementação do conceito de Cross Training, que pode ser entendido como a prática de diferentes modalidades de luta ou mesmo a mescla delas. O cardápio era variado. Temos as artes marciais classificadas como Strikers, especializadas em golpes traumáticos, como é o caso do boxe, kickboxing, muay thai, caratê, capoeira e taekwondo. Outro segmento é das artes marciais chamadas de Grapplers, especializadas na luta agarrada, como jiu-jitsu, judô, wrestling, sambo e luta livre esportiva.

Agora, se todos os lutadores precisam treinar tudo, nenhuma arte se sobressai mais sozinha. O MMA passou a virar uma competição entre lutadores, e não mais entre modalidades.

O próprio conceito de MMA reflete a ideia de adaptação de Darwin. Se o ambiente exige que se aprenda uma luta que funciona em pé, quem aprender esta modalidade se sairá melhor. Se o ambiente exige uma luta de solo, quem aprender a luta de solo terá mais chances de vencer. Se o ambiente exigir a alternância de todas estas estratégias em um mesmo combate, ser completo é essencial. Mas ser adaptável e conseguir usar a modalidade certa na hora certa é a capacidade que fará a diferença.

Mas, se agora todos sabem boxe, muay thai, jiu-jitsu e wrestling, como se diferenciar? Se cada competidor está no ápice da sua forma e preparação física, que nova revolução seria necessária para dar um novo salto evolutivo no mundo das lutas?

A resposta não está nos punhos ou canelas dos lutadores, mas nas suas cabeças: a Psicologia do Esporte e a Neurociência chegam para trazer um novo diferencial no combate. A última revolução será mental. Usar o máximo da sua mente para levar o corpo até a vitória.

Capítulo 04

Como se faz um campeão? Receita de Bolo

Esta é a pergunta para a qual todos os pais de crianças, técnicos, treinadores e mesmo os Psicólogos do Esporte procuram uma resposta. Com o passar do tempo, aprendi que quase todas as perguntas têm a mesma resposta: "Um conjunto de fatores.". Vamos explicar.

Desde tempos remotos, há milhares de anos, nossa mente foi treinada para classificar objetos, alimentos, seres vivos, de modo a economizar tempo. Afinal, não há muito tempo para elaborar o seu conceito de tigre quando está sendo atacado por um deles. Também é melhor confiar no conhecimento passado a você sobre cogumelos venenosos do que arriscar uma degustação lenta e mortal.

Nossa capacidade de classificar era uma questão de sobrevivência, que dependia de respostas rápidas e simples, traduzidas em rótulos mentais como "inimigo" ou "amigo", "nós" ou "eles", "saudável" ou "venenoso", "agradável" ou "amargo".

Temos uma tendência natural a simplificar questões. Isso funciona muito bem, seja no tempo das cavernas ou na comunicação. Você também pode classificar este funcionamento humano como "bom" ou "ruim". Mas eu o convido a fazer uma reflexão mais profunda.

Quando lemos as biografias de grandes estrelas do esporte, atletas ou treinadores, a tendência é procurar por uma única resposta para o sucesso. O Santo Graal dos campeões. Cada um deles traz uma resposta diferente, o que foge do conceito de ciência que discutimos anteriormente, que prima pela capacidade de aplicar um mesmo conhecimento a outras pessoas. Pensando nisso, vamos olhar cada uma das respostas mais comuns para criar a receita do lutador ou esportista campeão.

O segredo dele foi o treinador!

Um grande treinador realmente faz toda a diferença. Pode ser alguém que inspire. Que ensine responsabilidade com o treino e consigo mesmo. Que saiba os caminhos para chegar lá. Mas também é importante que ele saiba principalmente o que não fazer. Muitos livros tentam ensinar o segredo das pessoas e treinadores de sucesso, falando dos hábitos que os fizeram ser campeões. Eles ignoram todos os fracassos que fazem parte da vida de 99% dos treinadores.

A maioria dos treinadores sabe o que faltou para que eles mesmos tenham sido grandes atletas ou campeões. Sabem o que gostariam de ter tido quando eram jovens, o que precisavam para que sua carreira como competidores fosse um sucesso.

Muitas vezes, saber o que faltou é dar oportunidade aos seus próprios atletas de não terem o mesmo problema. De não cometer os mesmos erros. De dar tudo que seus treinadores deram, mas especialmente o que não puderam dar.

Alguns treinadores foram grandes talentos e mesmo assim não bateram suas próprias metas. Outros foram muito esforçados e também não chegaram lá. Se as derrotas marcam mais que as vitórias, cada treinador sabe o que faltou para si mesmo. Especialmente por isso, são eles quem melhor podem orientar seus atletas sobre o que fazer, ou o que simplesmente não fazer.

Hoje, temos todo tipo de técnica esportiva e conhecimento disponível online. Podemos aprender os estilos dos melhores treinadores do mundo em cada esporte, até mesmo de graça. Mas o que só um treinador pode fazer é orientar, inspirar, conhecer cada aluno e passar sua experiência de vitórias e insucessos para que ele possa viver a própria jornada.

Poderíamos dizer que ser treinador é oferecer o que você aprendeu. Dar o que você não teve. Mas também, e mais importante, dar o que sente que o aluno precisa.

No boxe, vi alunos que eram mais ofensivos. Isso fazia com que se precipitassem na hora de lutar, tomando decisões apressadas que resultaram em derrota. Outros, por outro lado, eram tímidos. Mesmo com muita habilidade, a falta de iniciativa na hora do combate fazia com que também perdessem. Deveríamos treinar os dois da mesma forma?

A busca por equilíbrio se trata de conhecer as forças e fraquezas de cada aluno. Pessoas diferentes precisam de treinamentos diferentes. Isso não quer dizer individualizar completamente o treino para cada um em uma turma ou equipe. Mas dentro do mesmo treino técnico ou físico, é possível estimular a paciência ou agressividade de cada praticante de acordo com o seu perfil. E ninguém melhor do que o treinador para conhecer as necessidades de cada atleta.

O segredo foi começar cedo.

Este conceito de começar cedo é muito comum quando lemos a biografia de grandes atletas. Em esportes tradicionais como boxe, vemos atletas que muitas vezes cresceram em uma família de lutadores. Ter pais ou tios que são campeões e ver seus primos e irmãos lutando em churrascos no final de semana pode ajudar.

Estes atletas que começaram cedo vivem em um ambiente em que o esporte é cultuado, se misturando com a diversão e com as tradições da família. Tudo isso com certeza ajuda na aquisição da técnica e da familiaridade com o esporte. Mas também temos campeões mundiais fora da curva, com menos de uma década de treino.

Treinar demais uma modalidade enquanto ainda muito jovem, poderia ser um alto fator de abandono do esporte na vida adulta. Quase como se tivéssemos um número de anos pré-determinados em que praticamos um esporte em alto nível antes de enjoar dele. Pensando assim, ao começar muito cedo, seria esperado que seu tempo no esporte acabe antes. Mas uma revisão sistemática de Mosher, Fraser-e Baker mostrou que o próprio conceito de hiperespecialização precoce não estava bem definido entre diferentes estudos para garantir essa recomendação.

O segredo foi treinar vários esportes.

Se treinar apenas um esporte pode causar um esgotamento, a lógica então seria treinar várias modalidades, especialmente quando falamos de crianças. Podemos dizer que praticar diversos esportes, na infância é muito importante para desenvolver diferentes habilidades em um atleta, mesmo que depois ele opte por se especializar e seguir carreira em uma única modalidade.

Um garoto que praticou beisebol, futebol americano e boxe pode optar por uma das três modalidades no futuro e ter muitos ganhos. O atleta terá mais habilidades desenvolvidas, bem como a flexibilidade mental para aprender novas técnicas no futuro.

Isso é ainda mais verdadeiro se pensarmos que todo esporte, principalmente as lutas, está sempre se desenvolvendo para se adaptar aos adversários. Também são frequentes as mudanças e novas regras de competição que podem exigir habilidades diferentes.

Ainda que tenhamos exemplos de sucesso que praticaram apenas um esporte quando novos, também vemos vários atletas que se experimentaram em diferentes modalidades e tiraram grande proveito disso.

O segredo foi a sua família dando apoio.

Ter apoio, especialmente quando você é uma criança, é algo que ajuda muito. Para as crianças, seus pais ou cuidadores são as pessoas mais importantes da sua vida. Por isso, ter eles torcendo, incentivando, participando de maneira saudável e frequente pode ser muito bom.

Ao mesmo tempo, vemos histórias de grandes lutadores com muitos problemas com seus familiares. Quantas mães estão dispostas a ver seus filhos trocando socos e chutes contra adversários? Como fica a questão financeira e as decisões pessoais dos atletas quando atingem a maturidade, sendo que foram assessorados pelos pais desde cedo?

Muitas vezes, os familiares passam dos limites, exigindo resultados, ou pior: condicionando o afeto que eles têm pelas crianças ao seu desempenho.

O que alguns podem ver como uma família presente, dando apoio ao atleta, pode ser mais uma forma de pressão, justamente por parte das pessoas mais importantes para o praticante.

Acredito que a grande maioria dos pais querem o melhor para seus filhos. O problema apenas ocorre quando os pais confundem querer o melhor com ser o melhor.

O segredo foi o trabalho de base.

A vantagem de aprender as técnicas corretas no primeiro contato com o esporte é inegável. Isso evita que seja preciso fazer correções quando o atleta já está competindo em alto rendimento.

Alguns desvios surgem tanto na iniciação esportiva de crianças quanto nas "lutas fitness", que tem o objetivo de emagrecimento. Mas são duas formas bem comuns de primeiro contato dos praticantes com as lutas.

Muitas versões "fit" dos esportes de luta, voltadas unicamente ao gasto calórico, ensinam de forma tecnicamente errada, com a desculpa de que o foco não é lutar, mas apenas gastar calorias com o exercício. Isso acaba acarretando muitos erros na técnica básica dos praticantes.

As aulas de artes marciais para crianças muitas

vezes cometem o mesmo erro de dar pouca ênfase à técnica correta, com a desculpa de que os exercícios são apenas brincadeiras. É comum que trabalhem mais as cambalhotas e outras valências físicas do que os movimentos específicos do esporte.

São fracas justificativas. No caso das versões fitness das lutas, executar os movimentos de forma tecnicamente correta apenas otimiza o exercício. Ele será mais fraco ou forte de acordo com a intensidade e volume do treino, no caso do objetivo de perder calorias.

No caso do treino para crianças, a técnica correta e específica também pode ser ensinada de maneira lúdica, a iniciação no esporte pode ser feita com disciplina, mas também com diversão. Não é o gesto motor que é mais ou menos lúdico, e sim o método pedagógico utilizado. Desde que se respeite os limites para não incorrer na hiperespecialização precoce. Basta procurar um equilíbrio.

Ainda que seja ótimo ter um grande trabalho de base, temos diversos exemplos de lutadores que, já atuando como profissionais famosos, tiveram técnicos que melhoraram muito a sua técnica básica.

Campeões que não utilizavam um determinado golpe, mas que com um novo professor, fizeram desta fraqueza uma nova força inesperada para derrubar adversários. Também vimos atletas unidimensionais que aprenderam uma nova modalidade no MMA e se tornaram campeões a partir dela.

O segredo foi o dinheiro.

O investimento no esporte sempre vem em boa hora para os atletas. Pode ser através do incentivo dos governos, de organizações não governamentais, de empresas privadas ou instituições de educação, como universidades.

Ao conseguir um patrocínio, o atleta terá facilidades no sentido de estar livre para se dedicar exclusivamente ao seu esporte. Além disso, com mais dinheiro, o atleta consegue pagar inscrições em mais competições, ganhando experiência, além de custear as próprias viagens.

Isso explica por que países com economia forte e grande investimento financeiro no esporte estão sempre no topo do quadro de medalhas em modalidades olímpicas, como mostra um estudo de Edimilson Neto e Geovana Bertussi. Por outro lado, o mesmo estudo aponta que o sucesso olímpico de um país é multifatorial, sendo os principais preditores de sucesso o PIB *per capita,* o nível educacional e o nível de autocracia do país.

Ainda que os países que investem mais liderem o ranking de medalhas, temos exemplos de países bem mais pobres que também possuem tradição no esporte e saem desta curva, conquistando medalhas, mesmo que em menor quantidade.

O mesmo estudo citado anteriormente sugere que países com grande capacidade de mobilização da sua população também produzem mais campeões. Como acontece com Cuba, que possui uma forte cultura esportiva aliada a um programa nacional de incentivo ao esporte.

Na esfera individual, temos exemplos de atletas que tinham toda a estrutura financeira na infância e não conseguiram chegar longe. Outros, apenas depois de famosos, começaram a lucrar realmente com a luta.

O segredo foi A FALTA de dinheiro.

Este argumento normalmente está relacionado à triste história de vida de muitos atletas, normalmente originários de países em desenvolvimento, que tiveram no esporte a sua única chance de mudar de vida e ascender socialmente. Ou mesmo atletas de países ricos, mas de origem humilde, que conseguiram acessar o esporte.

Segundo os defensores desta teoria, quem tem menos quer mais, por valorizar o esporte como uma carreira e não apenas como mais uma opção, como é o caso de um atleta com melhores condições financeiras.

Mas talvez a neurociência explique este fator de maneira mais complexa. Pode ser que não seja apenas a vontade de se agarrar a esta oportunidade que faz a diferença. Uma das hipóteses é a quantidade de estímulos que eles tiveram desde o início do seu desenvolvimento, mesmo com educação formal de pior qualidade na média.

Embora seja uma triste realidade social, uma criança que desde os 6 anos vai sozinha até a parada de ônibus para chegar na escola, prestando atenção no caminho, no horário, subindo no ônibus, passando a roleta e segurando em uma barra de metal com a mão, está treinando uma série de funções mentais. Elas vão desde a percepção visuoespacial, até a visão periférica, passando pelo raciocínio lógico e pela flexibilidade de pensamento. Todas estas capacidades são treinadas todo dia, sempre que esta criança sai de casa de manhã para cumprir esta rotina.

Estas são crianças que tiveram que tomar uma série de decisões e fazer diferentes movimentos com seu corpo apenas para chegar até a escola, academia ou centro de treinamento. Enquanto isso, as crianças com maior poder aquisitivo estavam quase dormindo no banco de trás do carro dos pais, olhando seu smartphone enquanto iam para o treino.

Parece simples, mas a própria rotina de uma criança de origem mais humilde exige muito mais da sua cognição e da sua coordenação motora. É uma imensa quantidade de reflexos e capacidade de planejamento que ela usa para realizar sozinha as tarefas do dia a dia. Sem contar que, por ter menos acesso a brinquedos tecnológicos, as brincadeiras nos momentos de lazer são mais ligadas a atividades físicas, como correr, pular, brincar de esconder e jogar futebol. Normalmente, com maior interação com outras crianças.

Todas estas vivências podem resultar em um atleta mais completo e adaptável às exigências do esporte no futuro, desde que em algum momento ele tenha a oportunidade.

Será que foi a genética?

Na luta, como em outros esportes, a genética também pode ajudar. Desde a capacidade física de um lutador que consegue lutar 12 *rounds* de boxe sem cansar, mantendo sempre o mesmo ritmo, até a envergadura acima da média de um boxeador. Com ela, ele pode acertar seu *jab* de uma distância maior que o adversário, mesmo que ambos tenham a mesma velocidade e habilidade.

Mas temos dois contrapontos que podem ser tão fortes quanto os golpes de um lutador geneticamente privilegiado. O primeiro é que, se a genética fosse o suficiente, bastaria fazer uma seleção por biotipo na infância, e teríamos sempre os lutadores ideias. O segundo ponto é que muitas vezes os lutadores sem o biotipo ideal para a luta conseguem superar os geneticamente favorecidos e se tornam campeões.

Em uma luta, existem centenas de variáveis, especialmente em cima do ringue ou octógono. A estratégia e o controle da própria mente podem facilmente derrotar uma vantagem genética como envergadura ou altura privilegiadas. Os genes podem fazer a parte deles, mas você precisa fazer a sua.

Foi sorte.

Estar no lugar certo, na hora certa, com certeza faz a diferença. Mas a sua habilidade também precisa estar no mesmo lugar. Muitos lutadores e atletas são "descobertos" por equipes maiores. Estavam lutando competições locais, de nível mais baixo, até que foram recrutados por técnicos ou empresários que enxergam neles a possibilidade de alcançar algo maior.

Ser visto enquanto ainda não tem grande projeção é sorte. Mas a sorte precisa vir antes disso. A sorte de começar a sua trajetória com um treino de base forte logo no começo da modalidade. A sorte de ter uma família que apoie. A sorte de ter uma genética que influencie. E o mais importante: a sorte de ter um técnico que se importe com você.

O segredo foi o talento.

Talento é algo que não se ensina? Não é bem assim que o cérebro funciona. Apenas depois de oferecer um treinamento completo, com uma base forte, é possível ver quem realmente desponta como um talento entre diversos atletas ou lutadores.

Há ainda a maturação física e mental. Algumas crianças brilhantes no esporte simplesmente perdem o interesse na luta depois da adolescência. Outras, que não pareciam tão promissoras, se mostram apaixonadas pelo esporte, seja estudando sua modalidade, seja participando de mais competições ou simplesmente treinando com mais foco e frequência.

As pesquisas do Dr. K. Anders Ericsson mostram

a relação entre talento e horas de treino entre músicos. Nelas, todos os músicos analisados eram considerados talentosos. Todos também tinham ótimos professores. A diferença entre o desempenho deles começava pelo número de horas de treino. Os músicos de maior sucesso na vida adulta tinham bem mais horas de treino que os outros. Isso quer dizer que a dedicação faz a diferença mesmo entre os talentosos.

O outro diferencial importante no desempenho dos melhores músicos estava associado ao que Ericsson chamou de método de "aprendizagem deliberada". Ele consiste em praticar algo novo dentro da sua modalidade, para exigir máxima consciência do exercício. Isso evitaria que o praticante fique na zona de conforto do movimento automatizado. Os melhores músicos seguiam esta linha de treinamento.

Extrapolando estes dados para as artes marciais, pense quantas vezes não vimos lutadores extremamente talentosos serem derrotados por outros extremamente bem-preparados? Isso mostra que mesmo o talento precisa de treino e metodologia correta.

A verdade.

A grande realidade é que temos muitos campeões que não cumpriram todos estes fatores citados acima. Mesmo assim, foram vitoriosos. Vários lutadores de sucesso tiveram bons treinadores, mas não tiveram bolsas e patrocínios que garantiram que pudessem treinar sem exercer outro trabalho como fonte de renda. Outros lutadores tinham uma genética privilegiada, mas receberam um treino de base mais fraco, precisando fazer correções técnicas ao longo da carreira. Por isso, não atingiram facilmente os primeiros lugares no esporte. Alguns ainda tinham a família apoiando, mas não eram tão talentosos, embora esforçados.

É verdade que temos exemplos de vencedores que cumpriram apenas poucos dos muitos requisitos que citei acima para serem campeões. Ainda assim, eles conseguiram ir longe em suas carreiras.

A importância deste capítulo está em mostrar o que pode ajudar. São facilitadores, não garantias. Com certeza, atletas que somam todas estas condições ideais possuem muito mais potencial para ter sucesso. Tudo isso pode realmente ajudar. Mas perceba que muitos dos fatores não estão sob controle do atleta, dos seus pais ou técnicos.

Nem sempre teremos a melhor base, grandes investimentos, bons professores e família apoiando. Mas sempre teremos a chance de reverter estes problemas com outras qualidades.

Cada pessoa e cada ambiente onde ela se desenvolveu são únicos. Nós somos o resultado da soma do nosso meio com a nossa personalidade.

Mas e a parte mental? Será que pode fazer a diferença? Treinar sua mente pode ajudar a superar o fato de não ter algumas das vantagens citadas acima. Se você teve a sorte ou não de ter acesso a tudo isso, o treino mental pode ajudar a tirar o máximo proveito da sua experiência.

Nos próximos capítulos, darei exemplos práticos de quando um treinamento mental fez a diferença na vida de atletas de luta. Assim como também pode fazer a diferença para você e para a sua equipe.

Capítulo 05

Platão de luvas: ensinando filosofia com socos

Um professor chamado Aristóteles era um ótimo instrutor de jiu-jitsu, com uma academia localizada na Barra da Tijuca, na cidade do Rio de Janeiro. Com quase um metro e noventa de altura, tinha cabelos pretos e encaracolados. O Professor Aristóteles tinha uma voz grave, era muito carismático e querido por todos em sua comunidade, dos seus alunos aos pais deles, passando pelos vizinhos da academia.

Durante as aulas, o professor explicava os detalhes de cada posição de jiu-jitsu com uma voz calma, que transmitia muita sabedoria. Ele falava sobre os princípios de distribuição de peso durante a luta, os pontos a segurar no adversário para progredir até as próximas posições de vantagem, tudo muito bem elaborado. Sabia os encaixes e detalhes de todas as finalizações.

Certo dia, ao final de uma aula, o professor Aristóteles pediu que os alunos se colocassem em forma. Alinhados de frente para ele, pediu que todos se sentassem. Os alunos obedeceram na hora, pois sabiam que seguir todas as instruções técnicas do professor Aristóteles sempre trazia bons resultados nos combates, fosse durante as lutas na academia, ou mesmo em campeonatos em que participavam.

O professor Aristóteles se dirigiu ao aluno mais graduado, Ulisses. Ele era um faixa-preta motivado no auge dos seus 18 anos, que treinava com o professor desde criança. O professor então lhe perguntou:

— Ulisses, meu caro aluno. Qual finalização você usou neste último rola?

— Uma chave de braço, professor — respondeu Ulisses, orgulhoso.

— Excelente escolha! E por que o senhor tomou esta decisão? — perguntou o Professor Aristóteles, bastante empolgado com o rumo da conversa.

— Acho que foi porque o Marquinhos defende bem o triângulo, então eu fingi que ia tentar pegá-lo em um falso ataque, mas ele se defendeu bem, como eu esperava. Aí eu acabei partindo para o braço dele. Foi assim que eu consegui finalizar — respondeu com uma grande propriedade tática, explicando sua estratégia didaticamente.

— Sem dúvida um excelente plano, visto que funcionou! E o quanto o senhor acredita que essa decisão foi realmente sua, senhor Ulisses?

Ulisses ficou confuso. Como seria possível que a decisão não fosse dele, já que pensou sozinho na estratégia? Além disso, ele sequer tinha algum colega ao seu lado naquele momento, dando instruções do que ele deveria fazer.

— Ué, eu pensei, fui lá e fiz, acho que a decisão foi minha, sim...

Ulisses começou a aparentar uma insegurança e uma postura totalmente diferente do início do diálogo, onde estava orgulhoso de sua performance. Não entendia por que sua performance, tão certeira, parecia estar sendo agora alvo de um debate que nunca vivenciou antes em aula. Na verdade, tudo que Ulisses queria era apenas tomar um banho e poder pegar uma praia de tarde. Afinal, estava no ápice da sua juventude e vivendo no Rio de Janeiro. O professor continuou, seguindo em um tema que se afastava cada vez mais da realidade da luta.

— De que maneira você considera que realmente é livre para tomar suas próprias decisões, meu caro Ulisses?

— Olha, acho que sou, claro que tem coisas que eu tenho que obedecer, como ao senhor nas aulas, aos meus pais, enquanto moro com eles e tal. Mas em geral sou eu que tomo minhas decisões.

O professor Aristóteles se levantou, empolgado. Com a sua voz grave, falou quase sem pausas:

— Será que o senhor, senhor Ulisses, nascido e criado no Rio de Janeiro, berço do Jiu-jitsu brasileiro, vizinho da nossa academia, trazido para treinar pelos seus pais por ser uma criança muito agitada, graduado por este professor que lhe ensinou esta chave de braço, será que o senhor, senhor Ulisses, teria tido a mesma escolha de aplicar esta chave de braço, se nascido fosse em uma aldeia do Cazaquistão, sem acesso ao nosso glorioso jiu-jitsu, sem acesso a um professor, mesmo assim o senhor decidiria se mudar para o Brasil, matricular-se em nossa academia, escolheria avançar se graduando até a faixa-preta e tomaria a decisão de aplicar esta mesma chave de braço no Marquinhos no dia de hoje?

Os alunos estavam todos pasmos. Um faixa-roxa que usava óculos e tinha a pele bem clara, que ficava muito vermelho quando se exercitava, ficou mais vermelho ainda neste momento. O professor Aristóteles continuou:

— Será que o senhor realmente tem o livre-arbítrio que acredita ter, senhor Ulisses?

Ninguém entendia mais nada. A aula de jiu-jitsu havia se transformado em uma aula de filosofia. O problema é que não havia nenhuma ligação entre o ensinamento filosófico que o professor queria passar com a prática da arte marcial que estavam treinando. Ao contrário, parecia que a luta é que estava sendo usada para ensinar o conceito filosófico de livre-arbítrio.

De qualquer maneira, esta experiência mudou completamente o modo como Ulisses via o mundo. Todo seu conceito sobre o livre-arbítrio, e mais, sobre as certezas que tinha sobre a vida, havia mudado neste momento. A filosofia, o ato de questionar e refletir, havia sido apresentada a Ulisses no local mais inesperado: dentro de uma aula de jiu-jitsu.

Ulisses resolveu se aprofundar no tema. Estudou, procurou as grandes referências na área da filosofia e até se graduou como bacharel na matéria, concluindo a faculdade. Hoje, Ulisses dá aula de filosofia em uma universidade. Infelizmente, Ulisses nunca mais praticou jiu-jitsu em toda a sua vida.

Sabemos apenas que Marquinhos, que foi finalizado por Ulisses neste mesmo dia, mudou de academia, alcançou a faixa-preta e tornou-se Campeão Mundial após alguns anos.

Fica claro para qualquer um que a filosofia não pode ser traduzida em sua prática de forma literal para o ambiente de artes marciais. Por isso, antes de entrar a fundo na Psicologia do Esporte e na Neurociência, precisamos falar um pouco da filosofia e de que maneira ela pode se inserir nas lutas, de forma a contribuir com a sua prática, e não como um elemento apenas decorativo e pouco prático. Para entender isso, é preciso antes entender o que é filosofia, um tema que poderia render vários livros, mas que abordaremos de maneira breve.

A filosofia, segundo Hessen, de maneira bastante simplificada, se estrutura como uma autorreflexão do indivíduo sobre o seu comportamento. E faz isso através de uma série de questionamentos que induzem o praticante a refletir sobre as questões fundamentais da nossa existência, como livre-arbítrio, sentido da vida e argumentações racionais.

São várias linhas e sistemas de pensamento que vão de diferentes teóricos como Platão, Epíteto, até Santo Agostinho e outros filósofos modernos. É bastante fundamentada nos atos de questionar, debater e refletir. Não se parece muito com a estrutura de uma aula de jiu-jitsu, não é mesmo? Talvez apenas a aula do Professor Aristóteles seja assim, trazendo a filosofia em sua forma pura, mas acrescentando pouco ao aprendizado do jiu-jitsu.

Na grande salada que são as definições de conceitos dentro das artes marciais, vemos uma repetição de erros sobre o significado da palavra filosofia. A própria tentativa de tentar definir o que é uma arte marcial, e o que a diferencia de uma luta ou um sistema de combate, normalmente parte do princípio de que as artes marciais se diferem de uma luta por possuírem uma "filosofia" própria.

Ao serem questionados sobre o que seria essa filosofia, poucos sabem responder, ou pior, cada professor de artes marciais responde algo diferente, o que mostra muito mais uma boa vontade do professor de agregar valores ao que ele ensina, do que um corpo teórico sólido e unificado. Os preceitos "filosóficos" que ajudam os instrutores a ensinar sua arte marcial em qualquer lugar do mundo, não ficam claros.

O que muitos chamam de filosofia nas artes marciais, nada mais é do que a tradição e os aspectos culturais, que dizem muito mais sobre o local de onde veio uma arte marcial, do que sobre o sistema de luta em si. Mais do que isso: o que chamam de filosofia nas lutas, pouco diferencia uma arte marcial de qualquer outro esporte.

Observe o futebol e o tênis e você verá uma série de tradições que se repetem em diferentes clubes. Equipes de futebol se reúnem em roda no Brasil e fazem uma oração antes do início do jogo, assim como os lutadores de muay thai fazem sua dança de significado religioso antes de iniciar o combate. Já os tenistas cumprimentam o adversário com um aperto de mão ao fim do jogo, assim como os judocas se cumprimentam fazendo uma reverência ao final de uma luta. Tudo isso traduz muito mais a cultura do esporte do que uma filosofia.

Nas artes marciais, a dita filosofia é uma mistura de valores, tradições e religiões do local de origem dos praticantes, como o budismo zen no caratê, ou o taoísmo no taekwondo.

Mas minha intenção, como falo desde o início deste livro, não é descredibilizar as artes marciais, e sim oferecer formas práticas de fundamentar o que elas se propõem a oferecer aos praticantes. O objetivo é oferecer ferramentas aos técnicos e professores para que possam transmitir muito mais do que o ensino de uma luta, mas realmente uma forma prática de colocar valores úteis aos artistas marciais, seja em seus combates, seja na sua vida pessoal.

Embora as artes marciais não ensinem maneiras de pensar como na filosofia, muitas delas ensinam valores. Algumas até trazem seus valores por escrito, como o Espírito do Taekwondo, onde os valores aparecem como uma sequência de palavras. São elas: cortesia, integridade, perseverança, autocontrole e espírito indomável. Já o Dojo Kun, conjunto de regras do caratê inspirado no código de honra dos samurais no Japão antigo, traz algumas frases que servem como guia de comportamento. Embora haja traduções diferentes dentro de cada estilo de caratê, basicamente os códigos são estes: esforçar-se para a formação do caráter, esforçar-se para manter-se no verdadeiro caminho da razão, criar o intuito do esforço, respeito acima de tudo e conter o espírito de agressão.

Para fazer uma distinção de sentido, vamos a partir de agora chamar estas palavras de valores das artes marciais, não de filosofia. A definição de valores que usarei aqui é do psicólogo Martin

Seligman, que define os valores como virtudes a serem praticadas para alcançar a felicidade.

Vamos pensar como trabalhar estes valores na prática? Aqui vai um exemplo de como trabalhar o valor resiliência. Antes de iniciar sua atividade técnica na aula de luta, como socar ou chutar um saco de pancadas, o praticante ou professor deve escolher um valor, como resiliência, por exemplo. Isso significa que ele vai trabalhar no sentido de desenvolver a resiliência dentro de um exercício, que até então seria apenas técnico. Desta forma, durante um *round,* o praticante que está trabalhando o valor resiliência vai se esforçar para não desanimar caso cometa um erro técnico, e continuar trabalhando com afinco. Desta maneira, ele tem duas metas: uma é a meta do treino físico, de executar as técnicas de forma correta. Outra é a meta de objetivo mental: não desanimar se errar um golpe durante o exercício ou se cansar. Assim, ele vai exercitar a sua resiliência de forma ativa e consciente.

Isso significa que o próprio formato dos exercícios planejados para a semana pode facilitar a compreensão e assimilação de cada um destes valores. Outro ponto interessante para você que é treinador é que você pode usar qualquer tipo de valor que sua arte marcial já propõe.

Em outro exemplo, vejamos como trabalhar o valor autocontrole. Você pode colocar o valor autocontrole do taekwondo como objetivo de um aluno que normalmente é muito apressado durante uma luta. Ele levará esse aprendizado "filosófico" para sempre em sua vida.

Estes são alguns exemplos práticos, mas você pode usar qualquer outro valor que acredita que pode ajudar no desenvolvimento dos seus alunos, de acordo com o que você observa de necessidade neles.

Repare que ter um objetivo de treino mental não interfere no treino técnico ou de condicionamento físico, mas será trabalhado paralelamente, aliado à prática da luta, tendo seu momento certo dentro da planificação de treino geral. Vejamos, então, mais valores podem ser trabalhados e um respectivo exemplo prático de exercício correspondente.

Qual o valor que vamos trabalhar hoje? Resiliência? Então vamos fazer exercícios com o máximo de golpes em um *round* e tentar aumentar em pelo menos um golpe no próximo *round,* batendo seu próprio recorde.

Qual valor que vamos trabalhar hoje, humildade? Então vamos começar uma luta com uma posição de desvantagem. Como uma finalização quase encaixada por um faixa branca em um aluno graduado, de onde ele tem que escapar.

Qual o valor que vamos trabalhar hoje, autocontrole? Então em um exercício em dupla, um aluno poderá golpear mais forte, enquanto outro aluno deve apenas manter sua força média e pensar estrategicamente.

Qual o valor que vamos treinar hoje, conter nossa agressividade? Então vamos treinar apenas defesas enquanto nosso adversário ataca.

Ao final de cada exercício, é importante fazer um breve resumo sobre o sentido desta prática com os alunos, bem como a sua ligação com os valores trabalhados. É isso que vai dar forma aos conceitos que as artes marciais costumavam chamar de filosofia e que agora entendemos como valores das artes marciais.

Ao professor, cabe fazer esta ponte entre a parte prática e a parte de valores de cada arte marcial. Você pode unir estas duas facetas da arte marcial e ter um verdadeiro ganho "filosófico". Ou não. Depende apenas do seu livre-arbítrio.

Capítulo 06

O cérebro que grita "Fogo!"

Alberto era um homem da época paleolítica. Na verdade, seu nome em sua tribo era algo como Arr b'Tu. Mas vamos facilitar a história.

No tempo de Alberto, as coisas eram muito mais difíceis do que parece. Vivendo em pequenas tribos, os seres humanos sobreviviam através da cooperação uns com os outros. Ter mais pessoas juntas poderia até significar mais bocas para alimentar, o que seria um problema. Mas também significava mais esforços em conjunto pela caça e coleta de alimentos. Além disso, um número maior de pessoas tinha mais chance de sobreviver ao ataque de qualquer tribo rival que estivesse buscando comida, recursos ou simplesmente tentando eliminar a concorrência por alimento naquela área.

Alberto, então, deveria estar atento a qualquer perigo que o cercava. O tempo todo. Isso porque a maioria dos perigos poderia significar a morte. A sua resposta deveria ser rápida. Se há fogo, ele corre para apagar. Se os inimigos se aproximam no horizonte, ele grita para alertar sua tribo. Se uma tribo rival ataca de surpresa, Alberto simplesmente luta. Qualquer reflexão mais elaborada seria muito lenta e poderia resultar na perda da sua vida, caso Alberto parasse para tomar uma decisão.

Esta parece ser uma vida bastante agitada. Basicamente ela é guiada pela ansiedade. Mas observe que no tempo das cavernas, essa ansiedade foi protetiva. Estar ansioso, ou seja, com medo do futuro, deixava Alberto mais preparado para reagir automaticamente. Foi a ansiedade de Alberto que fez com que ele sobrevivesse a diversos perigos e tivesse descendentes. Até que um deles pudesse chegar aqui hoje, sentado lendo este livro.

Alberto, hoje, é personificado pelo nosso cérebro primitivo. Ele nos acompanha o tempo todo, e simplificamos seu funcionamento chamando toda esta área do sistema nervoso de Cérebro Emocional, do qual falaremos mais no próximo capítulo. Segundo o psicólogo Robert Leahy, o cérebro humano cria regras, padrões de comportamento que mantêm a ansiedade em um patamar sempre alto.

O importante é perceber que, hoje em dia, diferentes situações ativam nosso cérebro primitivo. Como competir em um campeonato de luta, fazer um exame de faixa ou mesmo o dia do seu primeiro treino na academia. Todas essas situações provocam uma sensação de perigo. A emoção que surge é de medo ou ansiedade. Mas isso não quer dizer que o perigo é real.

Então eu estou falando que, algumas vezes, sua emoção vai mentir para você? Exatamente! Embora sejam situações que você não controla totalmente e onde até possa se machucar, elas estão longe de colocar você em perigo de vida, como Alberto sentia em sua aldeia há séculos atrás. São situações estressantes, mas interpretadas pelo cérebro emocional como ameaçadoras à sua segurança.

O problema aqui é que a civilização avançou, mas nosso cérebro não acompanhou esta mudança na mesma velocidade. Somos homens paleolíticos que andam no asfalto e usam wi-fi. Mas sentimos os mesmos medos e anseios de nossos ancestrais. O cérebro do homo sapiens não mudou muito desde eras passadas. Tivemos muito mais experiências de sobrevivência pré-civilização do que na era moderna. Foi isso que ficou gravado até hoje.

O cérebro emocional vai continuar tentando proteger você. O que faremos a partir de agora é verificar o quanto devemos acreditar nele. A pista será sempre o seu sentimento.

Então, vamos aprender como lidar com isso. Você está treinando e teve uma sensação física desconfortável, ou um sentimento que lembra o medo? Neste momento, olhe para os lados. Veja que sua academia não está pegando fogo. Observe que nenhum guerreiro de uma tribo rival entrou pela janela com uma lança. E veja também que nenhum animal selvagem está esperando você dentro do ringue no dia de um campeonato.

Depois de verificar que seu cérebro está apenas tentando proteger você, lembre-se que nem sempre seu sentimento traduz a realidade. O mais importante: embora o sentimento apareça, você não precisa obedecer a ele. Você pode sentir medo e não correr. Pode identificar que está ansioso e não tentar acelerar uma luta além do necessário para acabar rápido. Também pode ficar assustado sem colocar toda sua força em um único golpe, como se sua vida dependesse dele, gastando energia demais. Você não controla o que sente, mas controla o que faz quando sente.

Por isso, coloque suas luvas, aperte sua faixa e dê o seu melhor. Faça isso de uma maneira que até Alberto fique orgulhoso de você.

Capítulo 07

A luta mental: os "dois cérebros"

Quando dizemos que a maior luta é sempre interna, isso nunca foi tão comprovadamente verdadeiro. Durante muito tempo, as neurociências denominaram áreas específicas do encéfalo, que aqui chamaremos de cérebro para facilitar, com diferentes funções. Com o tempo, foi-se percebendo que, ainda que possuam áreas mais especializadas, várias partes do cérebro costumam trabalhar em conjunto.

Segundo a neurocientista Suzana Herculano-Houzel, usamos bem mais do que 10% do cérebro, ao contrário do que muito já se afirmou. Quando o cérebro ativa uma área, ele não desliga as outras partes. Apenas está usando elas com menor intensidade. O que ocorre é um aumento significativo da sua atividade em determinada região, sem que as outras regiões fiquem completamente inativas. Os hemisférios também trabalham em conjunto, porque funcionamos como um ser integral, não apenas metade de cada vez. Mas então, onde ocorre esta "luta mental", este confronto interno? Vamos apresentar os guerreiros de cada lado do ringue.

O primeiro, no córner azul, é o seu "Cérebro Racional". É assim que chamaremos a área do seu **Córtex Pré-Frontal.** Ele é responsável pelas suas Funções Executivas. Isso consiste em, resumidamente, o ato de elaborar e planejar o que você pretende fazer. Também diz respeito a executar este planejamento, encadeando ações para chegar ao seu objetivo da melhor forma possível.

Por exemplo, você pode pensar em dar um soco no adversário e em seguida pensar na maneira mais eficiente de executar o movimento do soco.

Seu córtex pré-frontal também permite interpretar as informações que chegam a nós de maneira elaborada, o que nos ajuda a prever situações. Você usa o córtex pré-frontal para analisar padrões, como observar que o movimento de tronco do seu adversário precede um determinado tipo de golpe. Ao codificar a sequência de ações de um oponente, você pode responder da maneira mais adaptativa para a situação.

Seu cérebro racional também é responsável pela sua memória de trabalho, aquela que você usa para lembrar a sequência de golpes que seu professor pediu para usar entre um *round* e outro.

É importante pensar que a evolução nos colocou à frente de outras espécies justamente pela quantidade massiva de neurônios que os seres humanos possuem no Córtex Pré-Frontal. Justamente por propiciar esta enorme vantagem evolutiva, o cérebro racional nos será muito útil, certo? Talvez. Isso depende diretamente do outro adversário que faz parte desta luta mental, de quem iremos falar agora.

O segundo adversário que se apresenta agora no ringue, no canto vermelho, é o seu "Cérebro Emocional". Ele é composto pelo **Sistema Límbico e o Tronco Cerebral**. O Sistema Límbico é onde residem suas emoções como medo, alegria, tristeza, raiva, nojo e todas as suas variações e combinações.

Já o Tronco Cerebral, regula todas as suas funções básicas sem que você precise pensar nisso. Esfriou? O Tronco Cerebral regula sua temperatura corporal. Glicose no seu sangue? Ele trabalha para regular. Além de administrar todo o funcionamento não voluntário de órgãos como seu coração.

Nestes três níveis, Córtex Pré-Frontal-Sistema Límbico-Tronco Cerebral, é preciso pensar que cada camada influencia a outra. Veja como isso acontece: estar com fome pode influenciar você a ser menos tolerante com alguém. Pensar com seu córtex sobre uma situação assustadora pode acelerar seu coração. Sentir nojo de uma situação pode deixar você sem fome, mesmo que esteja há tempos sem comer. Cérebro Racional e Emocional entram em confronto o tempo todo, com vitórias para ambos os lados no decorrer de um único dia.

Apesar de acharmos que nós, seres humanos, tomamos decisões racionais o tempo todo, é o Cérebro Emocional que muitas vezes dá as cartas.

Quando isso acontece, o Cérebro Racional apenas justifica essas decisões, para que a gente se sinta mais à vontade com elas. Mas então, qual a solução? Primeiro, é preciso tomar consciência de que nossas emoções nos afetam, e principalmente, que estas emoções também influenciam muito nas nossas decisões.

Assim como no boxe, no MMA e outras lutas, algumas técnicas mentais podem ser aprendidas, treinadas e utilizadas para performar melhor. Isso inclui a maneira como podemos lidar com nossas emoções. A Psicologia do Esporte e as Neurociências vêm há tempos investigando os benefícios do *Mindfulness*, que é um treino de concentração baseado na atenção plena.

O *Mindfulness* é uma técnica estruturada pelo Dr. Jon Kabat-Zinn, médico que pesquisa a cultura oriental. É uma prática baseada em procedimentos de meditação, porém, sem nenhum cunho religioso, apenas focada na intenção de estar no momento presente, no aqui e agora, com fortes evidências de efetividade na regulação do humor. Ao praticar *Mindfulness*, quando focado no momento presente, você fica mais atento às suas emoções. Desta maneira, é mais simples deixar elas surgirem, reconhecê-las, mas também deixar elas irem embora. Isso ensina você a não exigir muito do seu cérebro racional, já que o potencial dele é limitado.

As artes marciais, especialmente as orientais, sempre flertaram com a meditação. Agora, a ciência oferece vários motivos para promover este reencontro.

Use seu Cérebro Racional para reagir da melhor maneira quando você perceber que seu Cérebro Emocional se ativou. Aprenda a conviver com eles. É possível fazer deles uma dupla de grandes parceiros, não adversários.

Capítulo 08

Sua força de vontade não é o suficiente: o Sistema de Recompensa

Jorge era um garoto de classe média de 11 anos, com uma vida como todo garoto da sua idade tem. Frequentava o colégio pela manhã. Não era o aluno mais dedicado, mas também não repetia de ano. Durante a tarde, gostava de jogar videogame. Seu jogo favorito simulava uma luta de boxe.

Jorge desenvolveu um ritual de lazer extremamente sofisticado para passar suas tardes em casa. Em frente a uma enorme TV, onde jogava em seu videogame, Jorge devorava dois tipos diferentes de salgadinhos, seguidos de uma pequena barra de chocolate. Tudo isso acompanhado de refrigerante. Esse ritual se repetiu durante algum tempo, facilitado por uma despensa sempre abastecida pelos pais.

Se você perguntasse a ele qual o seu momento favorito do dia, Jorge diria que era este sem hesitar: jogar videogame e comer doces e salgadinhos.

Ao atingir seus 13 anos, Jorge resolveu passar do virtual para o real. Se matriculou em uma academia de boxe, esperando aprender as mesmas técnicas do personagem do seu videogame favorito.

A rotina de Jorge estava quase igual ao período antes do esporte. Pela manhã, ia para a escola. Depois, chegava em casa e almoçava. Até que, exatamente às 16h, surgia o impasse: era o momento de decidir se iria para a academia, aprender o esporte que sempre quis, ou se ficaria onde estava, jogando videogame como sempre fez.

Jorge travava uma batalha contra seu próprio

cérebro, já que havia adquirido um hábito, e mudá-lo estava bem mais difícil do que ele imaginava quando se matriculou no boxe. Não era fácil abdicar do Combo da Diversão, composto por refrigerante, salgadinhos (dois tipos, não esqueça) e uma barra de chocolate de "sobremesa".

Certo dia, após mais uma tarde em que trocou a academia pelo Combo da Diversão, Jorge se sentiu culpado. Resolveu que estava determinado a mudar este hábito. Jorge decidiu que não ia continuar no seu ritual de comer besteiras e, principalmente, não deixaria de treinar o seu boxe para fazer isso.

Para conseguir atingir esta meta, ele anotou todas as desvantagens de ficar em casa comendo e jogando, bem como todas as vantagens de sair para treinar. Qual o resultado? Não adiantou. Jorge ainda estava faltando, em média, em dois de quatro treinos na semana. Apenas descrever as vantagens e desvantagens não foi o suficiente para provocar uma mudança.

Ao saber da situação, eu conversei com Jorge, já que era seu terapeuta na época. Já havia introduzido o conceito de *Mindfulness* para ele, e a partir disso, eu propus a ele um exercício: no dia seguinte, ele teria novamente o seu momento do Combo da Diversão. Mas desta vez, iria viver este momento com plena consciência. A tarefa seria a seguinte: Jorge ia demorar cerca de dez minutos saboreando cada pacote de salgadinho, dez minutos para mastigar o chocolate, e dez minutos para tomar seu refrigerante, separadamente e em sequência.

Este momento seria de atenção plena sobre o que estava comendo, lentamente fazendo uma coisa de cada vez. É o que daria a ele a chance de avaliar o quanto realmente estava envolvido nesta atividade. O mais importante: o quanto esta atividade realmente estava sendo satisfatória para ele.

Pedi que ele me descrevesse sua experiência. Surpreendentemente para Jorge, saborear lentamente o primeiro salgadinho foi muito bom. Mas ao chegar no próximo pacote, antes mesmo do chocolate, ele já se sentia mais do que satisfeito. Começava até a se sentir enjoado. Degustar lentamente os próximos alimentos foram quase uma tortura. Por isso, Jorge desistiu ainda na metade do refrigerante.

Mas o que isso lhe ensinou? Estar no momento presente, totalmente focado no que está fazendo, dá uma perspectiva verdadeira sobre o quanto podemos estar vivendo o momento, e o quanto podemos estar apenas no piloto automático. Isso ajuda a colocar nossas prioridades em perspectiva. Jorge se acostumou com o hábito, sem perceber que sequer sentia a mesma recompensa que sentiu nas primeiras vezes em que comeu suas guloseimas. Estava repetindo este hábito muito mais por costume do que por prazer. Ao analisar profundamente, achou a experiência desagradável.

Mas o que isso nos ensina sobre o nosso funcionamento? Dentre as diversas funções do nosso cérebro, possuímos algo chamado Sistema de Recompensa. Ele é uma maneira simples que o cérebro criou de decidir o que é bom ou não para você. A pesquisadora Caroline Davis estuda o principal neurotransmissor do Sistema de Recompensa: a Dopamina. Ela afirma que algumas pessoas são mais sensíveis à dopamina. Segundo ela, em um passado longínquo, o que era importante para você se resumia a suprir as suas necessidades básicas, como se alimentar e reproduzir. É por isso que alimentos ricos em açúcar e gordura são tão recompensadores. Porque em tempos remotos, eram nutrientes que garantiam sua sobrevivência por mais tempo em um mundo de alimentos escassos.

Mas então, como é possível mudar um hábito, baseado no funcionamento do Sistema de Recompensa? Ainda mais se este tipo de alimento hipercalórico e pouco nutritivo é tão recompensador para o nosso cérebro? A resposta é: tomando consciência do que fazemos, como Jorge fez ao degustar seu pequeno chocolate por dez longos minutos.

Quando tomamos consciência do que fazemos, ativamos o córtex pré-frontal, a área mais "consciente" do cérebro. Mas esta área, sozinha, não tem força para fazer uma mudança no sistema que é apelidado de "emocional", ligado à recompensa que citei acima. Então, ao trabalhar a atenção plena, estamos trabalhando a consciência do cérebro racional sobre o cérebro primitivo. É o Cérebro Racional percebendo a influência do Cérebro Emocional sobre o comportamento de Jorge.

Só a partir desta tomada de consciência, portanto, é que é possível, em termos neurológicos, mudar um comportamento. Precisamos pensar sobre o nosso próprio sistema de recompensa. Mas como aplicar isso ao boxe, MMA e outras lutas?

O fato de Jorge perceber que seu hábito não era mais tão recompensador como nas primeiras vezes, não quer dizer necessariamente que ele automaticamente acharia a atividade de boxe mais recompensadora. Apenas a tomada de consciência não vai libertá-lo de um hábito que foi reforçado muitas vezes, não só pelo seu próprio comportamento, mas por centenas de anos de evolução cerebral. Mas então, o que leva alguém a achar um esporte onde você recebe socos no rosto e no corpo, como algo mais recompensador do que um dia de refeição hipercalórica? Vamos listar alguns fatores.

Primeiro, vamos pensar na prática do boxe em si. Ao praticar, sua atenção precisa estar focada no momento presente. Quando você está sob um esforço extremo, em termos físicos, como ocorre no boxe, é difícil pensar em pagar boletos, no seu relacionamento amoroso que está quase jogando a toalha ou no jogo do seu time que pode cair para a segunda divisão. Mais difícil ainda é pensar no passado ou no futuro quando você está sofrendo um ataque pesado, de um adversário que quer derrubar você a todo custo. Também não é fácil pensar no seu trabalho quando precisa dar tudo de si para terminar o último *round* no saco de pancadas.

Ou seja: dar uma tarefa para o seu pensamento ajuda a inibir outra ideia. Se eu pedir para você não pensar em um urso polar, será muito difícil deixar de pensar nele. Talvez até pense mais. Mas se eu mandar você calcular o número 34691 dividido por 13, será quase impossível pensar no urso polar com uma tarefa tão mais complexa na cabeça. Esta tarefa, nas artes marciais, é o ajuste técnico. A correção que você mesmo faz, pensando em fazer melhor no próximo golpe, não deixa espaço para colocar sua habilidade em dúvida.

Segundo: para mudar um hábito, é preciso ressignificar o hábito antigo através da consciência sobre ele. Se tomamos consciência de que algo talvez não seja tão recompensador quanto pensamos, como aconteceu com Jorge ao tomar consciência sobre seu chocolate, que com o tempo ficou enjoativo, conseguimos Resetar a recompensa que o cérebro registrou antes. Não vamos tentar mudar seu conceito de recompensa através da sua força de vontade, mas no valor que você dá à nova recompensa. Para isso, é preciso pensar no que pode ser mais recompensador, através da sua meta.

Aí chegamos no terceiro ponto. Você pode se sentir recompensado por vir à academia. Pode se sentir recompensado por evoluir na sua técnica e lutar cada vez melhor. Pode se sentir recompensado por dar o seu melhor. Pode se sentir recompensado até por vencer. Mas um detalhe: lembre-se que falamos do cérebro racional e do cérebro "emocional".

O cérebro primitivo está mais associado às emoções. Por isso, para mudar um hábito, além de ter consciência, saber sua meta, ressignificar o que é recompensador para você, é preciso estimular emoções positivas.

A emoção é o principal marcador de registro da sua memória. O atleta precisa pensar consigo mesmo ao final de cada *round*, de cada treino, que está atingindo uma meta. Mas ele não precisa fazer isso sozinho. Esta é uma excelente oportunidade para o professor atuar no processo.

Cabe ao professor ou técnico estimular o aluno. Ser um incentivador de pessoas. Essa validação emocional é o que vai condicionar o cérebro primitivo a perceber que uma atividade fisicamente difícil também pode ser uma recompensa por si só.

Não é só o valor que o atleta dá ao treino. É o valor que as pessoas mais importantes para ele também dão ao seu empenho. Lembre-se que ninguém é mais importante para a experiência emocional do atleta do que seu treinador.

Capítulo 09

Quando a técnica atrapalha

Existem várias maneiras de ensinar. Alguns alunos aprendem mais imitando o professor, observando como ele executa a técnica. Outros aprendem por explicações verbais: o professor descreve o que deve ser feito enquanto o aluno executa. Há também as correções feitas durante a execução, quando o professor corrige a altura de um soco usando a própria mão para abaixar ou subir a altura do braço do aluno.

Se existem várias maneiras de ensinar, é porque cada aluno aprende de um jeito. Quanto mais ferramentas o professor tiver, mais chances ele tem de encontrar o que funciona mais para cada um dos seus alunos.

Na fase de aprendizagem, é bastante comum que os alunos pensem muito sobre os movimentos. A cada execução de um soco, o aluno também se corrige. Muitas vezes repetindo mentalmente o que ouviu do seu professor. "Estique mais o braço. Proteja o queixo com o ombro. Mantenha a mesma distância entre as pernas quando se deslocar". Isso tudo ocorre na fase de aquisição de conhecimento. A partir de então, os movimentos se tornam automáticos. O lutador não precisa mais pensar sobre a execução completa e perfeita de cada movimento.

A Neuropsicóloga Barbara Wilson define este estágio da aprendizagem como memória procedural. É o mesmo que aprender a dirigir. Depois de anos dirigindo, você não pensa mais em esticar a perna do acelerador enquanto solta a embreagem com a outra perna, ao mesmo tempo em que troca a marcha com uma das mãos e segura a direção com outra. Essa memória procedural se encarrega de automatizar esta série de movimentos. O mesmo ocorre com as habilidades adquiridas em luta. Isso é ótimo. Mas também pode se tornar um grande problema.

Quando o aluno está aprendendo, ele se concentra tanto na execução dos próprios movimentos e na orientação do professor que fica difícil pensar em mais coisas. Depois que os movimentos estão internalizados, sua mente está livre para pensar de novo. Assim como um motorista consegue dirigir e falar ao telefone, um lutador pode cometer um erro quase tão perigoso quanto esse: deixar a mente livre para ter pensamentos negativos enquanto está lutando.

Pense bem: quando o movimento vira memória procedural, você não pensa mais na técnica. Isso abre espaço para pensamentos sabotadores. É normal que, mesmo que tenha apresentado grande confiança após adquirir os movimentos, o lutador comece a ter uma série de pensamentos negativos nos primeiros treinos de *sparring,* ou mesmo nas primeiras lutas de competição. A Terapia Cognitivo-Comportamental possui um catálogo daqueles pensamentos que são mais frequentes, que surgem de maneira automática e que causam sentimentos ruins. No caso de lutadores, algumas dores psicológicas são tão fortes quanto lesões físicas. Elas podem diminuir muito o desempenho dos atletas, tanto em treinos, quanto em competições. Chamamos elas de Distorções Cognitivas.

Neste capítulo, descrevo as Distorções Cognitivas de Aaron T. Beck oferecendo em seguida exemplos adaptados ao contexto esportivo, para que seja possível observar como estes pensamentos normalmente se manifestam nos atletas de luta.

Vamos entender um pouco mais sobre elas. As Distorções Cognitivas são tendências de pensamentos automáticos que todos nós fazemos em maior ou menor grau. É importante que o atleta aprenda a identificar elas quando surgem. A partir daí, procuramos verificar se há evidências de que estes pensamentos condizem com a realidade. Se não há evidências, procuramos pensamentos alternativos que estejam mais de acordo com os fatos. Isso também diminui emoções que podem atrapalhar sua performance. Vejamos aqui as mais comuns:

1. CATASTROFIZAÇÃO: Pensar na pior possibilidade que pode ocorrer, ignorando

possibilidades positivas. Deixar de considerar soluções para uma situação ruim. Exemplos:

"Se eu errei algo no início do treino, é porque hoje vou ser um lixo o treino todo."

"Se alguém me corrige, é porque nunca vou melhorar."

"Se achei a instrução difícil, não vou conseguir fazer."

"Se perder essa competição, nunca mais vou vencer outra."

"Se eu ficar triste com uma derrota, vou cair em depressão total."

"Se eu ficar mal, não vou melhorar."

"Se eu fizer um treino ruim na segunda, a semana inteira vai ser um lixo."

"Vai dar tudo errado."

"Se não estiver com meu equipamento preferido, não vou ganhar."

2. RACIOCÍNIO EMOCIONAL: Assumir que o sentimento traduz fielmente a realidade e os fatos. Exemplos:

"Se eu estou com medo, é porque esse adversário é muito perigoso."

"Se eu estou me sentindo cansado, é porque a minha energia já acabou."

"Se eu estou ansioso e com o coração acelerado, é porque vou ter um ataque cardíaco."

"Se estou nervoso, é porque vou perder."

"Esta luta está difícil, então não vou procurar soluções para virar em meu favor."

3. POLARIZAÇÃO: Enxergar apenas dois caminhos possíveis, ou tudo ou nada, ou ótimo ou horrível. Exemplos:

"Se não sou o melhor da turma, é porque devo ser ruim no meu esporte."

"Se não ganhei a competição, ela não serviu pra nada."

"Se eu sou bom em uma técnica, nem vou treinar as outras"

"Se não aprendi uma técnica de primeira, não vou aprender nunca."

"Se eu não atingi uma meta, então eu vou desistir."

"Se perdi, é porque sou ruim."

"Se perdi hoje, é porque nunca vou ganhar."

4. ABSTRAÇÃO SELETIVA: Quando você se importa apenas com os fatos negativos, sem observar os fatores positivos. Exemplos:

"Hoje meu treino foi ruim." (Focando apenas em um exercício em que foi pior e ignorando todos os outros que fez bem).

"Este ano eu não evoluí." (Pensando apenas em resultados e não em evolução técnica).

"Fiz tudo errado nesse *round*." (Sendo que acertou mais jogadas ou técnicas do que errou).

5. LEITURA MENTAL: Tentar adivinhar o que outra pessoa está pensando ou sentindo, sem evidências. Normalmente coloca a culpa em si mesmo pelo que acha que o outro pensa. Exemplos:

"Se meu treinador parece chateado, deve ser por algo que eu fiz."

"Se meu técnico está de mau humor, vai me tirar do time".

"Se meu técnico me deu uma instrução, é

porque está duvidando de mim."

6. LEITURA MENTAL REVERSA: Acreditar que o outro sabe o que você está pensando mesmo sem você se comunicar VERBALMENTE. Exemplos:

"Ele devia saber que eu queria treinar mais forte hoje."

"Se pra mim o treino hoje era leve, pro meu colega também deveria ser."

"Meu colega de equipe sabe que eu admiro ele, mesmo sem eu nunca ter dito."

"Minha colega de treino devia saber que eu gosto de fazer dupla com ele."

"Meu treinador sabe que eu me importo com o treino, só pelas minhas atitudes"

"Meu treinador devia saber que eu gosto quando ele me instrui assim."

7. MINIMIZAÇÃO E MAXIMIZAÇÃO: Ressaltar os próprios erros e defeitos, sem considerar o que tem de positivo e suas qualidades. Exemplos:

"Eu fiz um ótimo treino, mas todo mundo fez".

"Eu fui bem no treino de hoje, mas estava fácil."

"Fui elogiado no treino, mas treinar bem é

minha obrigação."

"Meu treino foi um desastre." (Sendo que errou apenas um ponto e ninguém percebeu).

8.   PERSONALIZAÇÃO: Achar   que   a responsabilidade por um evento negativo é toda sua. Ou julgar que uma atitude de alguém teve a intenção de machucar você. Exemplos:

"Se eu não fui escolhido o melhor da competição, é porque queriam me prejudicar."

"Se a equipe perdeu, é porque eu não ganhei minha luta."

"Se não estou evoluindo, é porque devo ser preguiçoso".

"Se eu perdi, é porque não me esforcei".

09. HIPERGENERALIZAÇÃO/ROTULAÇÃO: Achar que um fato que pode ser isolado será sempre constante, nunca passível de mudança e vai se manter assim em todas as situações. Exemplos:

"Meu condicionamento é ruim, sempre vai ser assim."

"Tenho dificuldade de perder peso mesmo."

"Eu sempre estrago tudo."

"Sou ruim, nunca vou ganhar uma competição."

"Toda competição tem roubo, então sempre vou ser roubado".

"O juiz sempre favorece o adversário."

10. IMPERATIVOS ("DEVERIA" E "TENHO QUE"): Pensar que o mundo deveria seguir um caminho lógico ou uma regra que você mesmo criou de causa e consequência. Sofrendo quando isso não se cumpre de fato. Exemplos:

"Se eu me esforcei muito, deveria ganhar."

"Se eu dou meu máximo, meu treinador deveria me elogiar."

"Meu treino tem que ser sempre nota dez."

"Se eu lutei bem, os juízes deveriam me dar a vitória."

"Eu tenho que ter controle sobre todas as coisas."

"Eu devo ser perfeito em tudo que faço."

"Devo ganhar sempre que competir."

11. ACUSAÇÃO: Colocar a origem dos sentimentos negativos em outras pessoas ou situações, sem considerar a própria

responsabilidade sobre como lidar com o problema. Exemplos:

"Estou treinando mal, porque minha família é complicada."

"É difícil me alimentar bem com todos comendo coisas boas."

"Queria ter mais tempo para treinar." (Quando tem tempo sobrando no dia).

"Não estou motivado, porque meu professor não deu o treino que eu queria."

"Se eu tivesse patrocínio, me esforçaria mais."

"Não ganhei a luta, porque não sou da panelinha."

"Estou desmotivado, porque o treinador dá mais atenção aos meus colegas."

"Tenho facilidade para ganhar peso." (Sendo que não segue a dieta).

12. QUESTIONALIZAÇÃO (E SE?); Quando a pessoa se foca em escolhas do passado que não pode mais mudar, normalmente se culpando ou a alguém próximo, sem usar este aprendizado para novas mudanças. Exemplos:

"Se eu tivesse começado no esporte mais cedo, estaria melhor agora."

"Se eu tivesse ido treinar naquela equipe, seria melhor."

"Se minha família tivesse me apoiado, seria campeão."

IMPORTANTE: Rever comportamentos para não repetir erros é diferente de ficar pensando apenas no passado e ficando mais triste por isso.

Perceba a quantidade de "inimigos", de adversários que criamos dentro de nossa própria mente e de como eles podem nos derrubar com a mesma força do cruzado mais potente. Assim como numa luta, onde o atleta deve provar que é o melhor para sair vencedor, você também pode tirar a prova de realidade deste tipo de pensamento, que costuma aparecer na hora do treino ou luta.

Esta revisão deve ser feita após o treino. Pergunte a si mesmo que fatos comprovam estas ideias, e questione se há outras possibilidades, além deste pensamento que fez você se sentir mal. A partir do momento que você faz esta revisão e descobre que um destes pensamentos citados acima aparecem com frequência, é importante que você tenha uma resposta automática para eles.

Se surgir o pensamento "Estou perdendo, nem vou tentar virar", você deve ter uma resposta pronta, como "Posso virar sim, ainda consigo!". Como seus golpes e movimentações, esta resposta também deve ser treinada diversas vezes, sempre que o pensamento "ruim" aparecer. Com o tempo, você perceberá que o pensamento ruim perde a força e aparecerá cada vez menos. Ao passo que sua confiança irá aumentar cada vez mais.

A sua técnica só atrapalha se você não treinar a mente como treina o corpo, deixando espaço para os pensamentos sabotadores derrubarem você.

Capítulo 10

Jonas, o negativo

Jonas era um jovem arquiteto em formação. Além de estudar na faculdade, fazia um estágio extracurricular. Lia tudo que podia sobre a profissão que escolheu. Acima de tudo, amava o que fazia e tudo que estava aprendendo.

Certo dia, Jonas tinha uma grande apresentação para fazer. Seus chefes haviam confiado a ele um projeto importante, uma edificação que iria comportar ao mesmo tempo apartamentos residenciais e pontos comerciais. Um projeto moderno que iria valorizar toda a região. Jonas estava muito orgulhoso, mas também sentia o peso da responsabilidade. Para ele era muito importante impressionar seus clientes, e consequentemente seus chefes. Era sua chance de conseguir ser efetivado na empresa ao se formar.

Jonas se preparou como nunca. Por ter sido ele quem elaborou o projeto, sabia de todos os detalhes para fazer a apresentação. Mesmo assim, ensaiou dezenas de vezes. A ideia, a execução e a conclusão do projeto, com todos os benefícios que os clientes teriam, estavam decorados. Até mesmo as pequenas piadas para descontrair estavam bem ensaiadas e fluindo bem.

Jonas estava usando um dos princípios comportamentais da psicologia: quanto mais treinamos um comportamento, mais eficientes nos tornamos nele.

Independente do que se passa na sua cabeça, ainda que tenha pensamentos ansiosos, treinar a apresentação vai deixar você mais eficiente. Mais do que isso: quanto mais eficiente você se sente apresentando, menor é a força dos pensamentos indesejados. Inclusive de sentimentos como ansiedade.

Sua mente acompanha o seu corpo nesse

processo de treinar e melhorar em um comportamento. Você consequentemente também começa a pensar que é mais eficiente. Isso quer dizer que você não precisa esperar ficar confiante para iniciar um comportamento. Ao contrário, você pode treinar, que a confiança virá no processo. Isso mostra que nosso cérebro não é facilmente enganável. Ele precisa de um mínimo de evidências de que você realmente é eficiente em algo para ficar tranquilo. Isso serve tanto para sua profissão quanto para seu treino de artes marciais.

Mas continuando a história de Jonas. O escritório do cliente era perto, apenas a duas quadras da sua casa, e Jonas decidiu que iria a pé. Porém, um fato irônico aconteceu. Na calçada em frente ao escritório onde faria sua apresentação, Jonas, vestido com um terno bem ajustado e sapatos impecáveis, pisou em um cocô de cachorro.

Essa situação, completamente inesperada, tirou completamente sua concentração. Desesperado, Jonas tentou limpar o pé na grama de um canteiro. Depois de certo tempo, conseguiu limpar o suficiente. Foi então que começou a pensar:

— Isso só poderia acontecer comigo mesmo. É muito azar. Depois de tanto esforço. O destino realmente tem algo contra mim. Bom, já começamos mal, certamente este é um mau presságio.

Jonas entrou no prédio, subiu o elevador e encontrou os clientes em volta de uma grande mesa. Ele conseguiu fazer sua apresentação do início ao fim. Embora abalado, não chegou a esquecer nenhuma informação essencial. Porém, o sentimento de Jonas era de derrota. Isso fez com que ele falasse o mesmo texto do ensaio, porém, não transmitisse toda a empolgação que havia nele antes.

Jonas não conseguiu vender seu projeto, o cliente agradeceu, mas não levou o trabalho adiante. Jonas voltou ainda mais arrasado para casa, pensando que realmente o dia começou ruim e terminou pior ainda.

Mas como Jonas poderia ter tido um final diferente? Talvez a história do seu xará a seguir nos mostre um caminho diferente.

Capítulo 11

Jonas, o positivo

Jonas era um jovem arquiteto em formação. Além de estudar na faculdade, fazia um estágio extracurricular. Lia tudo que podia sobre a profissão que escolheu. Acima de tudo, amava o que fazia.

Certo dia, Jonas tinha uma grande apresentação para fazer. Seus chefes haviam confiado a ele um projeto importante, uma edificação que iria comportar ao mesmo tempo apartamentos residenciais e pontos comerciais. Um projeto moderno que iria valorizar toda a região. Jonas estava muito orgulhoso, mas também sentia o peso da responsabilidade. Para ele era muito importante impressionar seus clientes, e consequentemente seus chefes. Era sua chance de conseguir ser efetivado na empresa ao se formar.

Jonas se preparou como nunca. Por ter feito o projeto, sabia de todos os detalhes para fazer a apresentação. Mesmo assim, ensaiou dezenas de vezes. A ideia, a execução e a conclusão do projeto, com todos os benefícios que os clientes teriam, estavam decorados. Até mesmo as pequenas piadas para descontrair estavam bem ensaiadas e fluindo bem.

Jonas estava usando um dos princípios comportamentais da psicologia: quanto mais treinamos um comportamento, mais eficientes ficamos nele. Independentemente do que se passa na sua cabeça, ainda que tenha pensamentos ansiosos, treinar a apresentação vai deixar você mais eficiente. Mais do que isso: quanto mais eficiente você se sente apresentando, menor é a força dos pensamentos indesejados e sentimentos como ansiedade.

Sua mente acompanha o corpo neste processo de treinar e melhorar em um comportamento. Você consequentemente também começa a pensar que é mais eficiente. Isso quer dizer que você não precisa esperar ficar confiante para iniciar um comportamento. Ao contrário, você pode treinar e a confiança virá no processo. Isso mostra que nosso cérebro não é facilmente enganável. Ele precisa de um mínimo de evidências de que você realmente é eficiente em algo para ficar tranquilo. Isso serve tanto para sua profissão quanto para seu treino de artes marciais.

Mas continuando a história de Jonas, o positivo. O escritório do cliente era perto, apenas a duas quadras da sua casa, e Jonas decidiu que iria a pé. Porém, um fato irônico aconteceu. Na calçada em frente ao escritório onde faria sua apresentação, Jonas, vestido com um terno bem ajustado e sapatos impecáveis, pisou em um cocô de cachorro.

Essa situação, completamente inesperada, tirou completamente sua concentração. Desesperado, Jonas tentou limpar o pé na grama de um canteiro. Depois de certo tempo, conseguiu limpar o suficiente. Foi então que, percebendo um sentimento ruim, de negatividade, começou a pensar:

— Realmente é muito chato pisar num cocô, justo hoje. Mas ok, isso poderia acontecer com qualquer um que passasse por aqui. Mas não posso deixar que um contratempo me abale. Afinal, esse fato não tem nenhuma ligação com a apresentação que vou fazer a seguir. Já limpei e resolvi, agora é seguir com o plano!

Jonas entrou no prédio, subiu o elevador e encontrou os clientes em volta de uma grande mesa. Ele fez sua apresentação do início ao fim. Sem esquecer nenhuma informação essencial. Melhor que isso, Jonas dividiu sua história em uma conversa descontraída com os empresários antes de começar. Ele acrescentou:

— Viram só? Se eu morasse e trabalhasse no mesmo prédio, como as pessoas que irão morar no nosso projeto, a vida seria tão boa que eles sequer iriam correr o risco de pisar em um cocô, como eu!

Todos na sala riram bastante. Jonas não só se evitou alimentar sentimentos e pensamentos negativos, como usou a história a seu favor. Jonas, o positivo, fechou negócio com os clientes. Seus chefes são gratos a ele até hoje, já que ele é sócio da sua empresa.

A grande diferença entre as duas histórias é apenas a interpretação dos fatos que cada um fez. Por isso os fatos nas duas histórias são exatamente iguais. Perceba que a técnica de interpretação dos fatos baseada nas evidências, de Aaron Beck, não distorce a realidade, nem insinua que um pensamento positivo evitaria que você pisasse no cocô.

Os fatos são concretos e imutáveis. Coisas boas e ruins podem acontecer conosco. Quando coisas ruins acontecem, é importante validar que isso realmente é desagradável. O que devemos evitar, no entanto, é deixar um fato ruim influenciar em outros que não tem nenhuma ligação direta com ele. Por isso dizemos que nossa interpretação dos fatos é mais decisiva para a maneira como vamos nos comportar, sentir e pensar, do que os fatos em si.

Trazendo para o mundo da luta, os exemplos são inúmeros. Muitas vezes, tive alunos no boxe que quebraram a mão, normalmente fazendo outros esportes. A interpretação negativa poderia ser:

— Droga, me lesionei, sou um desastrado, vou ficar sem treinar.

Mas também é possível interpretar o mesmo fato de uma forma mais funcional:

— Droga, lesionei minha mão direita. Bom, é chato, mas então vou treinar a minha mão esquerda e ficar ótimo nela até a mão direita melhorar.

Isso já aconteceu diversas vezes na minha prática como professor de boxe. Já tive alunos que poderiam ter ficado parados e desmotivados, mas que puderam continuar frequentando o ambiente da academia e mantendo seu hábito saudável. Além disso, ficaram com uma destreza fenomenal em diversos tipos de *jabs* e cruzados de esquerda.

Claro que o limite é sempre o do bom senso e bem-estar físico do praticante. O aluno pode continuar treinando desde que não agrave sua lesão nem provoque outras. Mas hoje em dia existem tantos métodos de treinamento, a exemplo das lutas adaptadas a pessoas com deficiências, que quase não há situações em que o aluno tenha que ficar totalmente parado.

Além de fortalecer a capacidade de interpretar de maneira mais funcional as situações que ocorrem com ele, o atleta também irá treinar sua flexibilidade cognitiva. Principalmente: desenvolver mais confiança na valência que será treinada neste período de lesão. Se sua mão direita está machucada, ao menos a sua esquerda ficou muito mais precisa.

Seguindo esta linha de interpretação dos fatos, a capacidade de adaptação do praticante também fica maior. Podemos visualizar inúmeras situações de adversidade e treinar a superação delas através dos nossos pensamentos e comportamentos. Eles vão nos ajudar a lidar da melhor forma possível com os problemas que aparecem na vida de um lutador. Veremos alguns exemplos:

Machucou um olho? Vamos então fazer o exercício de imaginar que esta lesão ocorreu durante uma luta. Imagine que você levou um soco e ficou com o olho fechado. Agora, você precisa terminar o *round* batendo no saco de pancadas com um olho só, aprendendo a mirar os golpes e a esquivar apenas com um olho aberto. Um enfrentamento que coloca a imaginação em seu favor e o prepara para uma possível situação ruim.

Imobilizou o pulso por uma lesão de movimento repetitivo do teclado no trabalho? Vamos imaginar que você quebrou a mão lutando e agora precisa ir até o final da luta com uma mão só. Treine batendo no equipamento como você venceria dentro desta adversidade, preparando-se taticamente e mentalmente.

Torceu o tornozelo na escada em casa? Vamos visualizar uma situação em que você torce ele na luta e precisa resolver o combate parado, estático. Mas usando o máximo de sua potência no soco no saco de pancadas. Você terá uma estratégia e também estará mais calmo caso um dia isso aconteça, pois já viveu essa situação em sua mente durante seus treinos.

Estes são apenas alguns exemplos de como trabalhar na prática a interpretação positiva dos fatos no esporte, trazendo elas para dentro do treino.

Agora, cabe a você interpretar como está levando as adversidades que interferem no seu treino e na sua vida.

Capítulo 12

A importância do treino ruim

Frâncis era um perfeccionista. Isso o definia antes de qualquer outra coisa. Sua principal atividade era de pesquisador universitário. Trabalhava na área das ciências do esporte, analisando índices de performance de atletas olímpicos.

O perfeccionismo de Frâncis o levou muito longe. Primeiro, foi selecionado nos estágios que mais queria durante a sua graduação. No início, ficou feliz, mas em seguida, resolveu que deveria se esforçar mais ainda para manter o nível de excelência. Depois disso, ganhou uma bolsa de mestrado. Essa foi outra grande conquista, que deixou Frâncis ainda mais obcecado por fazer um trabalho de altíssimo nível. Quanto mais ele evoluía, mais cobrava de si mesmo para manter um alto padrão.

Muitas vezes, Frâncis já tinha concluído seu trabalho, mas passava horas revisando seu material, para que não tivesse nenhum erro. Com o tempo, passou a pedir mais prazo, para poder escrever seus artigos, mas também para poder reescrevê-los, deixando-os cada vez melhores antes de entregar. Seu orientador começou a reclamar, já que os atrasos passaram a ser mais frequentes. Embora os textos fossem muito bons, os atrasos passaram a superar a boa qualidade dos trabalhos.

O tempo passou, e Frâncis foi ficando cada vez mais exigente consigo mesmo. Era difícil para ele elaborar esta contradição: como alguém que já tinha escrito e reescrito textos tão refinados poderia agora baixar a qualidade deles apenas para escrever mais rápido? Foi então que tomou uma decisão. O ápice do perfeccionismo seria escrever um artigo irretocável, logo na primeira tentativa. Sem a necessidade das revisões, que causavam seus atrasos. Um grande texto onde cada parágrafo já surgiria perfeitamente escrito. Parecia uma ótima ideia. Mas isso teve um custo.

Cada vez que Frâncis pensava em escrever seu texto perfeito, ficava horas divagando. Primeiro, resolveu esperar o momento de inspiração ideal, mas ele não veio. Depois, resolveu usar seu perfeccionismo a seu favor e definir uma hora do dia em que faria o texto perfeito. Mas quando chegava perto do horário escolhido, o fato de não ter conseguido prever o texto ideal em sua mente, fazia com que ele mesmo deixasse para outro dia a tentativa de colocá-lo no papel. Afinal, se não fosse sair perfeito, era melhor nem começar.

O tempo passou. Frâncis acabou saindo da pós-graduação, queria se dedicar a algo que tivesse mais controle, entregando as coisas no seu próprio tempo. Foi aí que decidiu escrever um livro. Uma publicação perfeita, nos seus termos. Isso já faz quinze anos. Até hoje, aguardamos ansiosos pela publicação perfeita de Frâncis, que nunca saiu.

O que podemos aprender com Frâncis? Exigir a

perfeição de si mesmo pode fazer você ter uma performance pior. Isso vale para as artes marciais também.

Planejar que hoje você vai fazer um treino a 80% da sua capacidade, pode baixar a sua expectativa. Mas melhor do que isso, provavelmente também vai baixar o seu esforço para começar.

Começar um treino perfeito, todo dia, com 100% de esforço, pode exigir demais de você. Nossa cognição é limitada, e exigir o máximo de seu córtex pré-frontal o tempo todo é impossível. É por isso que fazemos tantas coisas no automático, como comer, dirigir, escovar os dentes. Porque é difícil pensar o tempo todo. E se motivar o tempo todo é mais complicado ainda.

Você não vai conseguir 100% de motivação todo dia. Porque a definição de "máximo" é o que está no topo, bem acima da média. Mas lembre-se que na média, nós somos... medianos. O compromisso, a frequência e uma expectativa razoável de desempenho e motivação podem ser mais eficientes que uma meta inalcançável.

Também há outras questões que os

perfeccionistas enfrentam. Deixar algo para final e ter um prazo apertado, normalmente gera um grande sofrimento. Mas também gera um prazer quando você consegue entregar o trabalho no minuto final. Seu cérebro libera dopamina quando consegue entregar. Isso reforça o seu sistema de recompensa, do qual falamos antes.

Lembre-se que as montanhas russas proporcionam a mesma sensação de perigo, e mesmo assim têm as maiores filas dos parques de diversão. É bom saber que você esteve sob "perigo", mas sobreviveu. Seu cérebro simplifica a ideia. Se você sobreviveu, isso é bom. Fica como aprendizado e hábito para fazer de novo. Mas aí você vai repetir toda esta montanha russa de emoções sempre que tiver que cumprir uma tarefa, deixando-a sempre para o final. Aos poucos, vai ficando cada vez mais cansado no processo, rendendo menos e possivelmente se atrasando em algum momento.

É sempre melhor ir treinar sem tanta vontade, do que não ir treinar. Porque a vontade pode aparecer no meio do treino. E provavelmente vai. Faltar ao treino nunca traz benefícios, a não ser para preservar o praticante ou profissional de uma lesão. Mas se o atleta se sente desmotivado, deve fazer o treino mesmo pensando que ele será ruim. Ao chegar na academia, as chances do ambiente, do técnico ou mesmo dos colegas acabarem motivando-o, são muito grandes.

Isso é sair do pensamento oito ou oitenta. É procurar um meio termo, o famoso equilíbrio que todas as artes marciais buscam. Atletas muito competitivos podem pensar desta forma: "Ou eu treino dando meu máximo, ou nem saio de casa.". Este é um erro de pensamento comum. De outra maneira, será que podemos pensar que existe um meio termo entre treinar dando meu melhor e simplesmente não ir treinar? Com certeza: é ir para a academia pensando em fazer um treino mais leve, mas que sirva para manter minimamente a técnica e a sua forma física.

Isso significa que você pode depender mais do hábito do que da força de vontade. Segundo o pesquisador Benjamin Gardner, o hábito é uma ação que não depende de raciocínio. Ele é apenas a repetição de uma ação passada que tende a acontecer de novo.

Podemos observar os benefícios do hábito nos

resultados de algumas seleções nacionais de boxe. Os boxeadores russos e cubanos costumam fazer treinos mais leves, praticando a 60-70% da sua capacidade, para desenvolver uma prática mais frequente. Já no Oeste, tendo os Estados Unidos como referencial, existe uma cultura de trabalhar sempre no nível máximo o tempo todo.

Vamos recorrer aos números para tomar decisões inteligentes. Vamos pensar em um microciclo de treino de uma semana. Um boxeador americano pode fazer doze *rounds* dando o máximo de si, 6 vezes na semana. No mesmo período, boxeadores russos e cubanos praticam quase o dobro de *rounds*, com apenas 60-70% da força. Fazem 20 *rounds* por dia, a maior parte no treino de escola de combate. Treinando muito mais vezes suas capacidades de reflexo, estratégias e leitura de oponentes diferentes, desenvolvendo valências neurocognitivas tão importantes para a luta quanto a capacidade cardiorrespiratória. São 72 *rounds* semanais para os americanos e 120 para os russos/cubanos. Isso dá 3.774 contra 6.240 *rounds* no ano. São "apenas" 2.466 *rounds* a mais para os cubanos/russos. Será que realmente vale a pena treinar em intensidade máxima o tempo todo? Quem tem mais experiência? Os resultados ficam claros pelo quadro de medalhas nos jogos olímpicos.

É claro que dentro da periodização de treino destes lutadores de Cuba e Rússia, que segue a mesma linha e possui sucesso notável, haverá também um período de intensidade máxima. Mas isso ocorrerá em um momento apropriado e planejado.

Os boxeadores dos países do leste europeu e de Cuba são mais experientes porque, estatisticamente, treinaram muito mais *rounds* ao longo de um ano. Mesmo que de maneira mais leve e descontraída. Sua frequência treinando os fundamentos é maior, e isso está de acordo com o princípio da regularidade e da durabilidade do treinamento.

É impossível estar sempre a 100% da sua capacidade e da sua motivação, fazendo um treino ótimo. Isso também pode causar burnout e desmotivação. Mas é possível estar todo dia fazendo um treino regular.

Vários dias bons sempre derrotam poucos dias

excelentes.

Capítulo 13

Como medir seu sucesso

Nícolas era um competidor de boxe na categoria juvenil. Sua família era do norte do Brasil. Eles se mudaram para o outro lado do mapa, no extremo sul do país, quando ele ainda era um bebê. Vieram ele, os pais e uma irmã.

Ele havia começado a treinar aos dez anos. O boxe, no entanto, nunca foi o seu foco principal. Nícolas ia muito bem no colégio, e conseguiu uma bolsa de estudos na faculdade. Ia estudar administração. Mesmo assim, ainda com 17 anos, continuava treinando e participando de competições.

Nícolas conquistou sua vaga em um estágio no mesmo ano em que disputou o campeonato regional. Ele também ganhou as suas lutas no torneio. Depois disso, haveria uma seletiva fechada para a qual foi convidado a participar. Um torneio onde os mais bem ranqueados iriam disputar vagas para a seleção brasileira de boxe. Nícolas treinou o máximo que podia, dividindo seu tempo entre a faculdade, o estágio e a prática do boxe.

Chegando no dia da seletiva, Nícolas lutou muito bem. Foi uma decisão apertada, mas seu adversário levou a melhor, sem margem para dúvidas. Nícolas ficou arrasado.

O tempo passou, e Nícolas já estava com emprego fixo na segunda empresa, indo muito bem na carreira que escolheu. Mesmo assim, dois anos depois, novamente ganhou o campeonato regional de boxe, que não deixou de praticar, ainda que tivesse diminuído a carga de treino. De novo foi chamado a disputar a seletiva para integrar a seleção brasileira. Nícolas perdeu de novo.

Essa segunda derrota para ele foi a gota d'água,

e foi aí que ele decidiu que não continuaria treinando boxe. Neste momento, durante uma sessão de terapia, ele disse:

— Me sinto muito chateado, acho que não tenho conquistas bacanas no boxe. Às vezes acho que todo meu esforço não valeu a pena.

O psicólogo esportivo perguntou:

— O que você acha que são boas conquistas no boxe, Nícolas?

— Ah, ir para a olimpíada, ganhar uma medalha.

— Entendi. E as suas conquistas, o campeonato regional, todos os torneios municipais que ganhou, não foram boas conquistas?

— Não acho muito boas. Me sinto um derrotado, nem próximo de atingir o nível olímpico.

— E você conhece muitas pessoas que conseguiram isso?

— Sim! Meu primo, lá do Norte, foi medalhista de prata. Ele sim foi muito bem.

Nícolas acabava de revelar qual era a pessoa a partir de quem ele estava medindo seu próprio sucesso. Acontece que Nícolas era simplesmente parente próximo de um dos boxeadores com os melhores resultados de todos os tempos, tanto no Brasil quanto no mundo. Um atleta dono de dois títulos mundiais e com duas idas às olimpíadas. Teve inclusive uma medalha de prata no primeiro evento e um quarto lugar na última edição em que participou.

A grande diferença é que seu primo se dedicou integralmente à modalidade do boxe. Este primo de grande sucesso sequer terminou o colégio, o que o deixou impossibilitado de cursar qualquer faculdade. Além de toda essa dedicação e investimento, também era um atleta bem acima da média.

Ficava claro que a régua estava muito alta. Nícolas tinha excelentes resultados para quem treina boxe como um esporte, mas que não tem a modalidade como foco principal. Seria como se você treinasse basquete três vezes por semana, depois do trabalho no escritório, e quisesse comparar seus resultados com seu primo Michael Jordan. O único resultado possível seria a frustração.

O que vemos aqui é a importância de comparar seu desempenho a partir de você mesmo e das suas possibilidades de treino. A sua linha de base deve ser sempre você mesmo, ontem. A partir da sua realidade, podemos medir se você está evoluindo ou não e traçar metas. Os estudiosos de psicologia do esporte Robert Weinberg e Daniel Gould chamam isso de estabelecer metas realistas.

Em média, todos seremos, mesmo com esforço, medianamente eficientes naquilo que nos propomos a fazer. Para alcançar resultados acima da média é preciso treino, dedicação, genética, sorte e investimento acima da média. Todos aqueles fatores que vimos no capítulo da "receita de bolo".

Depois de debater sobre isso em terapia, Nícolas passou a adotar a si mesmo como o seu padrão de medida, do quanto estava evoluindo ou não na vida. Ele continuou praticando o boxe apenas por lazer e para ter uma atividade física saudável. Ele também trouxe seu aprendizado no esporte para ser um empresário extremamente competitivo, o que o ajudou a se destacar no seu segmento.

Mas tomando sempre o cuidado de medir sua própria evolução comparando com aquele que foi na semana passada, não com outras pessoas.

Capítulo 14

Criando talentos: peneira ou moedor de campeões?

Vamos começar pelo início da vida nas artes marciais. O momento em que um jovem entra em uma academia, equipe ou clube pela primeira vez.

Falando especificamente de artes marciais ou lutas, as motivações variam de acordo com cada pessoa. Algumas pessoas não gostam de exercícios mais tradicionais como musculação, caminhada na esteira ou andar de bicicleta. Outros entram em uma academia de lutas para aprender uma forma de autodefesa, já que quase a totalidade das modalidades de artes marciais usa o argumento da defesa pessoal em sua divulgação. Alguns iniciam no esporte por serem fãs de cultura pop, sejam filmes de ação com foco em luta, histórias em quadrinhos ou mangás japoneses. Por fim, temos aqueles que simplesmente são parentes ou amigos de alunos já matriculados que resolvem experimentar, além de pessoas que moram perto da academia, que chegam à luta pela proximidade e facilidade.

Eu mesmo treinei em diversas modalidades de luta. De judô ao boxe e taekwondo, onde peguei a minha primeira faixa-preta, depois capoeira, muay thai e breves períodos no jiu-jitsu e MMA.

Em algumas modalidades, me dediquei mais e competi, outras eram experiências interessantes e possíveis dentro do que a rotina da época me permitia. É interessante notar que pode haver maior diferença na metodologia entre dois professores de taekwondo, do que entre um professor de taekwondo e um de boxe, por exemplo. A boa notícia é que podemos pegar o que há de melhor em cada uma destas metodologias e aplicar a qualquer arte marcial.

Escolher academias campeãs em suas modalidades esportivas era uma das características que eu levava em conta sempre que decidia encontrar uma nova academia ou modalidade de luta. Considerava que esta era uma métrica óbvia de que estaria treinando no melhor lugar possível. Afinal, se a academia tem muitos campeões é porque possui a melhor metodologia de ensino, correto? Não necessariamente.

Vamos pensar em uma academia de boxe com diversos campeões. Normalmente, o que vemos é o seguinte cenário: a academia possui diversos lutadores altamente ranqueados. Com campeões em diversas categorias de peso. Quando o aluno novo chega para treinar, ele pode ter diferentes perfis. Pode ter experiência na modalidade. Pode ter feito outra luta com elementos similares, como muay thai que também possui socos em um padrão semelhante. Ou o aluno pode ser totalmente iniciante.

De qualquer maneira, o fato mais comum é que todos estes perfis são tratados da mesma forma. O aluno iniciante, da mesma forma que um campeão de muay thai que entrou no boxe para melhorar suas mãos, serão expostos aos mesmos desafios: um treino extenuante, independente do seu condicionamento físico atual, até chegar ao momento de *sparring*, ainda nas primeiras aulas, independente de já ter lutado ou feito *sparring* alguma vez na vida.

Para analisar as possibilidades de como ocorre o primeiro contato de um aluno com o boxe ou outra luta, vou contar duas histórias.

No primeiro caso, temos um garoto de 18 anos, que teve muitas vivências esportivas. Ele jogou futebol quando pequeno e quase se tornou profissional. Este garoto possui reflexos rápidos e um bom lastro esportivo. Está fazendo a sua primeira aula, e demonstrou um bom fôlego para acompanhar os movimentos, já que ainda joga futebol algumas vezes por semana. Ele aprende as técnicas do boxe com relativa facilidade. Faltando 15 minutos para terminar a sua primeira aula, o instrutor pede que comece o *sparring*, que nada mais é do que uma simulação de combate na academia. Seu oponente neste *sparring* é um dos campeões que tornaram a academia famosa. Uma ótima oportunidade de aprender com um dos melhores no seu esporte. Ele é até mais leve que o nosso praticante iniciante, uma escolha que o treinador fez para diminuir um pouco a desvantagem. Seu cartel é de 24 lutas amadoras.

É evidente que o praticante iniciante não teria chances de vencer. Mas ele demonstrou uma garra para sobreviver acima da média. O treino acaba e ele recebe elogios do treinador, já que aguentou a pressão de um atleta experiente. Mesmo um pouco machucado, não desistiu. Ele passou da peneira inicial do treinador do que pode vir a ser um grande campeão. O tempo passa, esse atleta iniciante se sente estimulado e acaba se tornando um frequentador da academia e também um bom competidor.

Agora, vamos ao segundo caso. O outro atleta iniciante, cursando o pré-vestibular, sem muito lastro físico além da educação física que fazia no colégio, o que ele sempre gostou. Mas distante do universo competitivo de alto rendimento. Ele, na primeira aula, também é colocado à prova contra um dos campeões da academia. Da mesma forma que no exemplo anterior, o instrutor o coloca para fazer *sparring* nos quinze minutos finais.

A diferença técnica entre os dois atletas é

enorme. O iniciante sofre bastante e leva vários golpes. Ele não lembra mais as defesas que aprendeu há alguns minutos atrás. Talvez lembrasse se não estivesse mais preocupado em sobreviver, o que faz com que se encolha e feche os olhos. Mesmo sofrendo, ele não chega a desistir. O treinador também elogiou sua perseverança ao bater do gongo no final do *sparring*.

O que acontece de diferente do primeiro caso a partir daqui? No próximo dia de treino, antes de arrumar suas coisas para ir, ele pensa: "Por que eu deveria passar por isso de novo? Até gostaria de aprender um novo esporte. Mas acho que estar apanhando ali foi a pior sensação da minha vida. Na verdade, até o nível de exigência física antes da luta foi muito puxado para mim. Fazer cem abdominais, mais cem apoios de mão e ainda lutar depois? Acho que pra mim não dá.".

Este aluno jamais retorna à academia. Muitas pessoas entram em uma academia justamente para aprender a se defender de possíveis agressões. Mas são expostas justamente a uma série de castigos físicos. Começa por um treino físico extenuante, que não leva em conta a condição física individual do iniciante, que será diferente do resto da turma. Ao final, é colocado precipitadamente em uma situação de luta, que nunca deveria acontecer antes de dominar totalmente a base e as técnicas de defesa e ataque.

O psicólogo Albert Bandura fala sobre o Princípio da Autoeficácia: a crença do indivíduo em sua própria capacidade. Se o praticante se percebe incapaz no primeiro dia, por que deveria continuar?

Com certeza, todos que sobrevivem ao método que chamo de "moedor de carne", serão relativamente bem-sucedidos no esporte. Afinal, é preciso muita força mental para resistir a estas provações. A parte técnica será absorvida pela convivência deste tipo de atleta com outros campeões, com o tempo. Mas pense em quantos possíveis talentos que são perdidos, mas que poderiam, após aprender a técnica, ter se tornado excelentes boxeadores e até competidores? Quantos praticantes perdemos por uma cultura de "sobrevivência do mais forte", que nunca vai funcionar em larga escala, mas apenas com um ou dois praticantes?

Mas vamos pensar em outra possibilidade. Não vou entrar no mérito do quanto é difícil captar e manter os alunos que, em última instância, garantem a sobrevivência do professor e da academia. Isso por si só já é um grande contrassenso para a academia. Mas vou oferecer outro olhar.

Imagine o principiante no boxe que teve seus primeiros contatos com a luta. Ao longo de várias semanas, ele aprendeu sua base, firme e equilibrada. Ele também descobriu como se deslocar sobre ela, compreendendo a movimentação típica do esporte. Depois de vários meses, em exercícios individuais e em dupla, ele aprendeu como manter uma distância segura do oponente, e também como diminuí-la quando fosse vantajoso para ele. Aprendeu defesas, ataques e contra-ataques, feitos com velocidade e força moderada, de maneira a refinar sua técnica. Meses depois, o professor, ao observar que seu senso de distância e de controle estava adequado, o coloca para fazer exercícios de luta simulada, ainda sem força máxima dos praticantes. O aluno vai se habituando aos poucos com o impacto até se sentir confortável.

Com o passar do tempo, este praticante, já se sentindo à vontade, se interessou por competir. Afinal, estava com domínio das técnicas, da base de luta e da movimentação. No momento em que o professor perguntou se alguém teria interesse em competir, este aluno falou que gostaria. A partir daí, passou a se dedicar ainda mais, trabalhando também a preparação física.

Neste ponto, já com uma data marcada para competir, passou a fazer a simulação de luta chamada de *sparring*, em dias marcados para esta atividade dentro do cronograma do seu treinador. Agora sim, estava no momento de fazer em um exercício mais próximo possível da realidade do combate. Nestas simulações, também passou por momentos difíceis. Não por falta de recursos técnicos, como no primeiro exemplo, mas apenas pela qualidade dos oponentes. Mesmo quando perdeu, resistiu bravamente, pois sabia como se defender o suficiente para não se machucar. Depois, quando se encontrava em casa, pensando sobre cada situação e em como melhorar, o aluno teve a oportunidade de fazer melhor no *sparring* seguinte. Aos poucos, foi demonstrando uma grande inteligência de luta.

Chega o dia de competição. Dentro do ringue, nosso atleta se encontrou com outro, que havia sido criado pelo método anterior, o "Moedor de Carne". Ambos passaram por provações difíceis. Mas agora nosso atleta tinha total conhecimento dos seus próprios recursos. Por ter diferentes recursos é que ele pôde vencer a luta, mesmo passando por momentos difíceis. Desta forma, ele conquistou muito mais que uma vitória. Mas o conhecimento dos fundamentos da sua modalidade e de si mesmo.

Toda vez que um instrutor ou técnico apela para a metodologia do "Moedor de Carne", ele garante que seus alunos que continuam serão razoavelmente resistentes. Realmente, este tipo de pessoa é rara. Mas investindo somente nas pessoas raras, é que perdemos centenas de praticantes que, com mais tempo e conhecimento, poderiam ter sido geniais na arte da luta.

É importante também lembrar do Princípio da Individualidade Biológica: todo indivíduo é único, diferente de qualquer outro. Mesmo irmãos gêmeos se tornarão diferentes conforme as experiências únicas que terão ao longo da vida. Só isso já mostra que nem todos responderão ao treino da mesma forma, e que é preferível adaptar, dentro do possível, a metodologia para incluir e desenvolver diferentes pessoas.

Logicamente, cada instrutor pode escolher seu método. Este capítulo serve apenas para mostrar que, dependendo da sua metodologia, você pode chegar a um momento em que a peneira esteja vazia.

Capítulo 15

Como ganhar sempre

Você já ouviu a história de lutadores que terminaram suas carreiras no boxe invictos? Existem lendas do esporte que conseguiram este feito. Mas esta história é diferente. É a história de um praticante de boxe conhecido por nunca ter perdido um único *round*. Mesmo assim você provavelmente nunca ouviu falar nele.

José enfrentava todo tipo de oponente nos treinos de *sparring* na academia. O *sparring* nada mais é do que a simulação de um combate livre. Nestes combates livres, normalmente feitos quando há algum tipo de competição marcada, o exercício se torna bem próximo da realidade de uma luta oficial. O objetivo é justamente treinar para o grande dia.

José era bastante hábil, mas nem de perto era o aluno que mais se destacava no quesito técnico na academia, embora fosse bastante estratégico. O objetivo era que José enfrentasse os adversários mais próximos do seu peso nestes treinos, variando no máximo uma categoria acima ou abaixo. Isso porque nem sempre temos um plantel de atletas do mesmo peso disponíveis na mesma escola. José sempre ganhava. Fosse o oponente igual e tecnicamente parecido, fosse maior e mais forte, ou mais leve e rápido que ele. O resultado era sempre o mesmo.

Certa vez, José enfrentou um canhoto em um destes *sparrings*. Foi uma luta bastante apertada. Ao final do combate, o canhoto havia vencido por pontos. Mesmo assim, ao terminar o último *round*, José foi até o seu técnico no canto do ringue e disse:

— Consegui, professor, eu ganhei!

Os alunos que estavam em volta não

entenderam. Pensaram que, na emoção, por ser uma luta parelha, José provavelmente calculou errado, achou que ganhou, mas perdeu por pouco. Um erro comum.

Outro dia, outro adversário no *sparring*. José já tinha feito *sparring* com este aluno várias outras vezes. Neste dia, a luta não estava indo bem para José. Chegando no intervalo para o terceiro e último *round*, José perdia por dois *rounds* a zero. Somente um nocaute o faria vencer a luta. Não foi o que aconteceu. José se expôs um pouco mais para tentar derrubar e virar a luta, mas acabou sofrendo mais pontos. Quando a luta acabou, olhou para o seu treinador, sorriu e disse:

— Deu certo, professor, ganhei de novo!

Os alunos ficaram chocados com isso. Seria uma negação absurda ou simples loucura? Mas o caso ficaria ainda mais estranho para eles.

Em outro *sparring*, onde José dominou completamente o adversário, ele saiu chateado consigo mesmo. Ao chegar no *corner* (o canto do ringue), falou ao treinador:

— Sinto muito, professor, não deu pra ganhar dessa vez.

Aí mesmo que ninguém entendeu mais nada. Os colegas se reuniram e resolveram perguntar qual era o entendimento dele destas lutas, curiosos. Gostavam muito dele, mas ninguém o compreendia. Um deles foi o porta-voz dos curiosos:

— Conta pra gente, José. Por que mesmo perdendo, você diz que ganha e agora ao ganhar com folga, você se declarou o perdedor?

José continuou tirando calmamente suas bandagens da mão, olhando para elas, enquanto respondia.

— Meu técnico sempre me passa um objetivo quando vou fazer um treino de *sparring*. A meta pode ser manter a distância, pode ser andar para o lado correto. Às vezes, ele pede para melhorar algum ponto fraco meu, ou para explorar alguma fraqueza do meu adversário. O objetivo do treino de luta não é o mesmo da luta real. Não é derrotar o oponente. É fazer o que o técnico me pede. Quando eu sigo a estratégia, eu sempre ganho. Quando não sigo, eu perdi esse treino. A pontuação, no treino, é apenas consequência — completou José.

A história de José serve para demonstrar um conceito simples: treinar para melhorar. Se o objetivo é apenas treinar para derrotar o adversário, a tendência é que cada lutador se concentre apenas nos seus pontos fortes, para garantir a vitória. Desta forma, ele nunca abre espaço em sua própria mente para evoluir. Se arrisca menos e continua com um arsenal limitado de técnicas ou estratégias.

Por isso, ao treinar, lembre-se do José. A vitória está sempre em treinar uma tática específica, não em derrotar o oponente. Se você tem um objetivo no treino e consegue colocá-lo em prática, independente da pontuação, você vai ganhar sempre.

Capítulo 16

O Leão de Academia

O leão é o animal popularmente conhecido como o Rei da Selva. Aquele que está acima dos outros, impondo respeito e, sejamos sinceros, também alguma dose de medo. O leão não é necessariamente o maior dos animais. Se fosse assim, teríamos a girafa como Rainha da Selva, governando a todos os outros lá do alto. O leão também não é o animal de maior porte, ou o elefante reinaria absoluto, enquanto todos se curvariam ao peso da sua coroa.

Mas então, o que faz do leão o rei do seu

habitat? É sua forma de se impor. Sua postura e a maneira como se comporta impõe um respeito que todos conseguem captar. Algumas vezes, o leão pode ter a sua coroa questionada por outro leão. Neste caso, é necessário um combate, já que nenhum reinado se mantém apenas pelo respeito teórico. É preciso fazer valer a sua fama na prática. Se o antigo rei é derrotado, começa um novo reinado. Caso o antigo rei vença e se mantenha na posição, suas cicatrizes serão o símbolo de seu sucesso.

Quem já foi a um zoológico sabe que a tentativa do local é tornar o ambiente o mais próximo possível do ambiente natural dos animais. Por isso, mesmo dentro de uma jaula, existe hierarquia entre os leões e a certeza de que algum deles reina soberano sobre os outros.

Spike, o leão do zoológico, vive assim: em um ambiente com árvores de plástico e comida entregue pelos funcionários do zoológico, duas vezes ao dia. Mas Spike não teve uma vida totalmente fácil só por estar protegido pelas grades. Outros seis leões vivem no mesmo habitat artificial. Spike os lidera. Mas já foi desafiado por pelo menos três deles. Os leões restantes são mais tímidos e sequer tentariam a sorte.

Após derrotar cada um dos seus desafiantes, Spike continua reinando. Isso significa que ele se alimenta antes de todos os outros e dorme nos melhores lugares. Spike é o rei da selva. Ou ao menos pensava que era.

Prejudicado por questões financeiras, o zoológico onde Spike vivia encerrou suas atividades. Isso significa que muitos dos animais foram devolvidos à habitats próximos dos originais. Spike voltou à selva de verdade, onde é preciso caçar para comer e onde há centenas de outros leões em territórios próximos.

Ao encontrar um novo grupo de leões, liderado por um felino com porte semelhante ao seu, Spike decide desafiá-lo. Confiante em suas melhores técnicas e na experiência de vencer outros leões diversas vezes no zoológico, Spike ataca. Para só então descobrir que não era páreo para o Leão da selva. Spike vai embora derrotado, mas acima de tudo, muito surpreso porque suas habilidades de combate, que funcionavam tão bem no zoológico, não tiveram a mesma efetividade na selva.

Spike agora tem duas opções: pode enfrentar

leões de outros grupos, aumentando sua experiência de combate e habilidades até recuperar a sua confiança. Ou pode procurar algum novo zoológico que o aceite. Quem sabe se ele promete que vai comer um pouco menos?

O leão de academia é como o leão que vive dentro do zoológico, convivendo com os mesmos companheiros a quem derrotou, sem ter consciência de que lá fora existem diversos outros leões que poderiam oferecer um desafio muito maior. Dentro da academia, ele controla a situação. Talvez nem seja tão melhor, mas conhece todos tão bem que sabe explorar as suas fraquezas. Toda a academia tem o seu leão.

Então, como tiramos o leão de academia de dentro do zoológico? Existem diversas estratégias que podem ser pensadas.

A primeira e mais óbvia é participar de competições. Embora pareça uma estratégia evidente, nem sempre considero a mais indicada. Isso porque as habilidades e repertório do atleta podem não aumentar com a mesma velocidade que a confiança pode cair, caso ele seja derrotado muitas vezes. Se o atleta é jogado direto para um combate contra o rei de outra selva, a diferença de habilidades, ou mesmo de experiência, pode ser muito grande, causando uma frustração que afasta o atleta do esporte.

Outra estratégia é buscar um processo mais gradual, selecionando alternativas para variar seus parceiros de treino. É possível encontrar outros professores que possam fazer uma parceria, onde os alunos de uma academia fazem *sparring* com os alunos do outro. Este intercâmbio entre diferentes escolas traz muita evolução. Ele esbarra apenas na insegurança de alguns instrutores de "perder" seus alunos para outros professores e metodologias. Mas pensando que cada escola tem um estilo, enfrentar os mais variados atletas é o que deixará o lutador mais completo. Com um maior número de estratégias, ele pode lidar com uma grande diversidade de situações em combate.

Muitas vezes, pode acontecer algumas situações onde o intercâmbio entre escolas não é possível. Neste caso, podemos procurar outras soluções. É possível ao instrutor ou técnico oferecer desafios diferentes com os mesmos parceiros. Se você é o técnico, pode definir quais técnicas serão ou não usadas em cada *sparring*. Isso por si só provoca uma maneira mais flexível de pensar e pode ajudar seu lutador a desenvolver seu arsenal. Vai tirar o leão de academia da sua zona de conforto.

Um exemplo de treino que tira o atleta da sua zona de conforto é limitar as armas em que ele mais confia, forçando-o a ampliar seu arsenal. Se ele sempre derrota os colegas da mesma maneira, é preciso mudar o método, já que nem sempre poderemos mudar o oponente de treino.

Essa mudança de cenários se reflete positivamente no ringue ou octógono. E está de acordo com o conceito de Flexibilidade Cognitiva, definido pela pesquisadora Adele Diamond como a capacidade de ajustar nosso comportamento para chegar a uma solução.

Em um torneio, os adversários não serão tão conhecidos, por mais que se estude a técnica, tática e as preferências deles. Ainda assim, o tempo de resposta nunca foi treinado com aquele oponente da mesma maneira que foi com os colegas de treino. Por isso, aprender a treinar sua versatilidade pode ser de grande utilidade para um lutador. Quanto mais vezes eu tenho que me adaptar, mais eu me torno adaptável.

Para ter um lutador versátil, é preciso um treinador que também seja assim. Crie situações de desconforto, mas a serviço de um objetivo a ser desenvolvido. Se o seu lutador gosta de manter uma distância longa do adversário, coloque ele para começar a luta na curta distância. Se ele é um lutador muito dependente da curta distância, é possível separar a luta sempre que iniciar o *clinch*.

Desta forma, vamos ter mais do que atletas versáteis. Teremos pessoas muito mais seguras e que podem lidar com diferentes situações. Por isso mesmo, não serão mais leões de academia. Serão aqueles que reinam na selva da luta competitiva.

Capítulo 17

Lute ao lado do seu melhor amigo

Roberto era um excelente parceiro de treino. Praticar com ele fazia com que cada treino rendesse o dobro. Quando a vontade de sair de casa e ir até o treino era baixa, Roberto chamava: "Vamos lá amigão, você tem uma meta, lembra? Pense em como vai se sentir depois do treino, vai estar muito melhor!". Com esse incentivo, ficava muito mais fácil ir treinar depois de um longo dia de trabalho.

Em outros dias, se o cansaço aparecesse durante o treino, Roberto era o primeiro a lembrar: "Você já passou por coisas bem piores. Já aguentou esse tipo de treino antes, vai aguentar de novo!". Depois de ouvir isso, terminar aquele *round* que parecia não ter mais fim se tornava possível.

Certa vez, durante uma luta de boxe, Roberto foi atingido por um golpe que entrou com mais contundência, deixando-o tonto. Neste momento, seus sentidos ficaram confusos. Os lutadores normalmente são treinados a ouvir seu treinador, seguindo instruções apenas pelo som, sem precisar buscá-los com a visão. Fazem isso para não se distrair e se expor durante a luta. Mas neste momento, Roberto não ouvia nem mesmo a voz do treinador em meio à grandeza da torcida adversária.

Pensamentos de desistência surgiram na cabeça de Roberto. Ele começou a se questionar: "Pra que continuar? O que estou fazendo aqui? É só não levantar até o final da contagem e posso ir para a minha casa descansar".

Neste momento, uma voz, já familiar, começou

a ser ouvida entre tantas outras. Esta voz não era mais alta do que a voz da torcida. Mas era ouvida na própria mente de Roberto, uma frase que não apareceu em forma de som, mas na sua memória. Por ouvi-la tantas vezes antes, ela surgia agora mais clara do que nunca. Dizia: "Você já passou por coisas bem piores. Já aguentou esse tipo de coisa antes, vai aguentar de novo!".

Esta era a frase que Roberto havia repetido para si mesmo centenas de vezes. Que lhe deu força para levantar e terminar o combate, vencendo por pontos a luta. Roberto era seu próprio melhor amigo e era para si mesmo que ele vinha repetindo suas frases de incentivo esse tempo todo. Foi por isso que ele conseguiu repeti-las de novo em um momento tão necessário.

Momentos depois de ter sua mão erguida, ainda no vestiário, Roberto olhou para seu próprio reflexo no espelho e o agradeceu por sempre ter sido seu próprio melhor amigo.

A história acima é um exemplo do que Weinberg e Gould chamam na Psicologia do Esporte de *self-talk* positivo. De maneira resumida, podemos dizer que se trata de falar consigo mesmo como se você fosse o seu melhor amigo. Roberto falava com ele mesmo como se fosse alguém com quem ele se importava muito, incentivando-o o tempo todo. Pense em quem é mais importante do que você na sua própria vida?

Em outras palavras, incentivar a si mesmo é uma maneira prática de ativar seu córtex pré-frontal: o cérebro racional de que falamos, responsável pelo seu autocontrole, decisões, planejamento e execução de tarefas. É ele que vai ajudar você mesmo a controlar seu cérebro emocional, que é responsável pelas suas emoções, no momento em que ele ativar os mecanismos de luta e fuga.

Agora que você já sabe disso, comece a treinar sua própria autofala. Trate a si mesmo como seu melhor amigo. Essa amizade tem tudo para levar você mais longe.

Capítulo 18

Criando um Frankenstein bonito e gracioso

Quem se apaixona por lutas, normalmente se torna um grande curioso sobre tudo que diz respeito a elas. Com todas as modalidades que existem, é impossível não observar, assistir ou pesquisar sobre outras artes marciais além daquela que você pratica. Esta abertura à experiência é extremamente positiva e deu origem ao próprio MMA como modalidade de competição. Eu sempre incentivo meus alunos de boxe a fazer outras modalidades que também compõem o

MMA e são complementares, como jiu-jitsu brasileiro, por exemplo. Pensando nisso, vamos visitar uma jornada que nos fala um pouco da caminhada neste sentido, de somar conhecimentos ao que já temos.

Frank era um professor de muay thai. Praticante da modalidade desde a adolescência, Frank sempre gostou do muay thai pela sua eficiência mais do que comprovada nos ringues, inclusive nos desafios com outras modalidades de luta em pé, normalmente chamadas de *striking*. Após deixar de competir nos torneios regionais de muay thai que participava, Frank continuou envolvido com a modalidade exclusivamente como professor. Influenciado pela ascensão do MMA, ele começou a pensar que sua modalidade por si só poderia ter brechas na luta contra outras artes marciais. A partir disso, começou a pensar no que as outras artes marciais tinham de positivo e o que poderia trazer delas para o muay thai. Este foi o embrião de sua grande ideia: construir um estilo de luta híbrido e perfeito. Para isso, ele pensou em utilizar os golpes que cada modalidade de luta tem como especialidade.

Desta forma, catalogou os golpes de cotovelo e

joelho do muay thai. As finalizações do jiu-jitsu, os socos do boxe, os chutes do taekwondo e a cereja do bolo: uma porção de golpes considerados ilegais em qualquer tipo de modalidade, como ataques à região genital e aos olhos. Essa nova arte marcial híbrida continha um currículo bastante extenso.

Havia apenas um problema: Frank nunca treinou estas outras modalidades. Embora bastante proficiente no seu muay thai, Frank jamais frequentou aulas de jiu-jitsu para compreender as pequenas nuances da arte, por exemplo. Nem fez aulas de boxe ou de taekwondo para entender a biomecânica dos socos e chutes.

Sem a prática, não era possível saber o que funciona ou não, especialmente aqueles pequenos ajustes que você só compreende treinando no dia a dia. Toda arte marcial parte de fundamentos básicos que dão sentido ao seu currículo de desenvolvimento. No boxe, estes fundamentos são baseados no posicionamento em relação ao oponente, na distribuição de peso entre as pernas e no controle da distância do adversário. No jiu-jitsu, além das alavancas para submissão, existem princípios de encurtamento da distância para não ser golpeado com potência. No judô, é o desequilíbrio do adversário que precede a tentativa de queda.

Na prática, o que aconteceu com a arte marcial híbrida de Frank? Nada funcionava como ele esperava. O fato é que Frank juntou todos os movimentos sem pensar em como fazer a conexão entre eles. Não tinha um fundamento ou princípio básico em que se apoiar.

Foi assim que ele criou um Frankenstein Marcial, um estilo híbrido onde nenhuma das áreas ou estágios da luta, como a trocação em pé, as quedas e a luta de solo, conversava de maneira eficiente e lógica umas com as outras.

Os fundamentos de movimentação não fluíam para o momento do *clinch* (momento em que os lutadores seguram um ao outro na curta distância) na luta. A parte de quedas não se conectava com a luta de chão de maneira eficiente. Tudo acontecia de maneira desajeitada, ficando claramente disfuncional aos olhos de qualquer um.

Isso quer dizer que não podemos misturar artes marciais? Muito pelo contrário. As academias de

MMA fazem isso muito bem, mas baseadas em um laboratório que testa quase todo final de semana a dinâmica de luta que funciona ou não: os grandes eventos de MMA. Visite qualquer uma das academias que são base das grandes equipes de competição e você verá a fluidez do boxe e muay thai para o *wrestling*, seguindo para o jogo de chão de jiu-jitsu Brasileiro, tudo com a maior naturalidade.

Então, o que faz o MMA funcionar tão bem como uma modalidade híbrida? O principal motivo pelo qual o treino de MMA funciona mesmo fundindo várias artes marciais diferentes são as regras de competição. A partir do momento em que uma modalidade de luta estabelece regras próprias, o desenvolvimento da dinâmica de luta segue um caminho lógico: facilitar a vitória dentro destas regras. Mesmo que ninguém tenha estabelecido a maneira mais correta de misturar as artes marciais, a experiência prática dos campeões ditou os caminhos. Todos estão repetindo o que mais funciona, da execução dos golpes até a conexão dos estilos de luta. Por isso dá certo. Porque o alto rendimento traz em si a necessidade de usar apenas o que funciona.

O MMA não teve um grande fundador ou mestre que unificou estilos de luta, como Jigoro Kano fez com diferentes escolas de jiu-jitsu japonês ao fundar o judô. Mas se desenvolveu organicamente, através de regras que deixaram que os próprios lutadores e campeões mostrassem o que funciona melhor. Por isso eles usam o melhor de cada arte fazendo apenas as conexões que funcionam entre elas nos momentos de transição.

Em uma modalidade que envolve milhões de dólares como o MMA, o pragmatismo do que funciona ou não está sempre muito presente. Por isso é importante sempre respeitar os dados de realidade, bem como os pioneiros e atuais competidores que colocam seu corpo à prova para que todos nós possamos aprender o que funciona ou não. Principalmente: treinar efetivamente, ao menos por um período, um pouco de cada modalidade, para saber como ela se desenvolve e qual a maneira mais lógica de fazer a ligação entre elas.

Ninguém precisa ter a faixa-preta ou ter a graduação máxima em 5 modalidades diferentes para treinar ou dar aula. Mas um mínimo de experiência de treino é fundamental antes de ensinar. Este é o Princípio da Especificidade. Nós só nos tornamos proficientes em uma modalidade quando treinamos os movimentos da forma mais próxima possível da sua execução prática. Traduzindo para uma linguagem mais cotidiana, só ficamos suficientemente bons em jiu-jitsu treinando jiu-Jitsu, e bons em boxe treinando boxe.

Agora, vamos conhecer outra história. Outro mestre, David, treinava um estilo tradicional de kung fu, baseado apenas em formas. Por se interessar muito por todas as artes marciais, começou a acompanhar campeonatos de kickboxing. Curioso, resolveu se matricular em uma academia da modalidade. Mesmo já sendo um professor em sua arte marcial, David teve a humildade de colocar uma faixa branca e se experimentar em uma nova modalidade. Após um ano de treino, começou a entender ainda mais o sentido de suas formas na modalidade de origem, pois treinou a aplicação prática de muitos dos seus chutes e socos. David nunca chegou a participar de campeonatos de kickboxing, mas se experimentou em diversos exercícios de *sparring* na academia, compreendendo noções práticas de distância e tempo de luta.

Toda essa vivência prática fez David pesquisar de que maneira poderia ensinar seus alunos sem perder a essência da tradição em que já treinava. Pesquisando um pouco mais, David chegou ao sanda, uma modalidade de combate em pé semelhante ao kickboxing, que tem a mesma origem cultural e local do seu kung fu. Treinando esta modalidade, David pôde acrescentar os treinos de Sanda em suas aulas de kung fu, sem a necessidade de se distanciar completamente de sua arte marcial de origem.

David apenas ampliou o leque de conhecimentos que ofereceu aos alunos, mas primeiro foi preciso ampliar sua própria vivência, colocar-se à prova, para conquistar este conhecimento. Note que colocar-se à prova não significa necessariamente competir em torneios, mas simplesmente sair da sua zona de conforto treinando com um professor qualificado em uma nova modalidade, que pode ser complementar à sua.

Use a sua curiosidade e interesse pelas artes marciais para criar novas possibilidades. Mas evite destruir algo que já funciona bem. É possível juntar muita coisa diferente, desde que no contexto certo. Ao invés de construir um Frankenstein desajeitado, você pode acabar criando algo muito mais belo e eficiente.

Capítulo 19

Metodologia acima da técnica

Todos os artistas marciais são obcecados por deixar sua técnica perfeita. Quando eles se tornam professores, isso tem grande utilidade. Saber a execução otimizada de golpe vai auxiliar os alunos a compreenderem o que estão fazendo.

Como seria se os artistas marciais aplicassem esse mesmo empenho de procurar técnicas novas para pensar novas maneiras de ensinar?

Não é um novo golpe, posição ou raspagem que vai deixar a sua aula melhor, embora sejam interessantes e válidos. O verdadeiro salto no ensino ocorre quando você percebe que pode pegar a METODOLOGIA do que cada arte marcial tem de positivo e aplicar na sua modalidade. É possível somar sem deformar. Vejamos exemplos do intercâmbio de metodologias que podem acrescentar à aula e ao aproveitamento dos alunos.

As escolas de combate dirigidas do boxe: no boxe, por exemplo, os exercícios feitos em dupla normalmente são realizados com os dois alunos usando suas luvas. A dinâmica é a seguinte: um deles ataca com força mediana, enquanto o outro se defende ou esquiva. Já no taekwondo, o treino mais comum é ter um dos alunos segurando uma manopla durante um *round* inteiro para o outro bater. No *round* seguinte, eles trocam de função. Nesse exemplo do taekwondo, um dos alunos está sempre parado, funcionando como alvo, deixando de treinar, por pelo menos um *round*. Temos aí algo que pode melhorar.

Então vamos transferir a metodologia do boxe para esta aula de taekwondo: se os dois praticantes de taekwondo usarem um equipamento de proteção e nível de força moderado, ambos poderiam trocar chutes no mesmo *round*, alternadamente. Isso acarretaria em fazer o dobro de *rounds* por aula. Continua sendo taekwondo, não há deformação nas técnicas, apenas usamos um exemplo metodológico de outra modalidade para fazer os dois atletas treinarem mais.

Outra possível dinâmica: os dois praticantes de taekwondo treinam frente a frente, cada um com uma manopla na mão. Ainda assim, ambos chutam no mesmo *round*, alternando entre um e outro. Ao final de um treino, ambos treinaram o dobro de *rounds* em relação ao método tradicional. Ao final de um ano, quantos chutes a mais estes praticantes de taekwondo terão treinado? É simples ver que, neste exemplo, usamos um exemplo metodológico da aula de boxe para facilitar a metodologia no taekwondo, trazendo mais dinâmica e maior repetição de técnicas por aula.

O objetivo aqui não é criar novos exercícios, mas instigar você a ver o que outras artes marciais e até outros esportes, como basquete, tênis ou futebol, podem trazer em sua metodologia para ajudar você a potencializar o treinamento dos seus alunos.

Vamos ver a seguir o que mais cada arte marcial traz de positivo em sua metodologia e como ela pode ser utilizada em outra luta.

A quebra de movimentos do taekwondo: uma das melhores características pedagógicas nas aulas de taekwondo é que os professores explicam cada movimento de maneira fragmentada. Isso significa que um único chute é ensinado em uma série de etapas, o que torna quase impossível não compreender o movimento. O professor demonstra na prática a execução da técnica, mas faz os movimentos em três ou mais etapas. Veja o exemplo. Passo um: erga o joelho para frente com a perna ainda dobrada. Passo dois: vire o calcanhar do pé de trás em direção ao alvo. Passo três: estenda o joelho da perna que chuta. Assim é executado um chute completo. Em seguida, ele volta a demonstrar o mesmo chute sem pausas, para o aluno visualizar a execução completa.

Este ensino em etapas provavelmente surgiu da necessidade de diferenciar a grande quantidade de chutes que existem no currículo desta modalidade. São variações sutis, de chutes que poderiam parecer quase iguais para um iniciante. Mas cada uma tem um propósito de aplicação diferente no combate.

Pegando o excelente exemplo metodológico de quebra de movimentos do taekwondo e trazendo para a modalidade do boxe, é possível explicar ao boxeador como a cadeia cinemática do corpo se encaixa no próximo movimento. Assim, é possível fragmentar cada etapa do movimento de um soco direto, por exemplo, para que o aluno entenda a sua mecânica. Ainda que o boxe possua uma quantidade relativamente pequena de socos, ensinar ao aluno cada um deles de maneira fragmentada, em etapas, garantirá uma eficiência muito maior na aplicação. Veja o exemplo da explicação usando a mesma metodologia do taekwondo. Passo um: comece girando o pé de trás. Passo dois: gire o tronco. Passo três: estenda o braço de trás completando o movimento do soco direto.

Esse método permite o entendimento do que deve ser feito, possibilitando que o próprio aluno possa se corrigir quando estiver treinando. Não precisamos mais nos restringir apenas ao conceito de aprendizagem por Modelação. Ela consistia em aprender olhando o exemplo e repetindo da mesma forma. Para avançar no ensino, podemos somar a isso o entendimento do movimento quebrado em etapas. Assim, usamos uma parte da metodologia do Taekwondo para criar boxeadores mais conscientes de seus movimentos.

A repetição do judô: observando o treino de judocas de alto rendimento, você verá eles fazerem centenas de entradas de queda no parceiro de treino. Chamam de entrada de queda porque não fazem o movimento de queda completa. Eles executam apenas o movimento de segurar o parceiro e se posicionar para derrubar. Mas os atletas param a técnica no momento em que poderiam derrubá-lo e repetem novamente do início, fazendo o movimento diversas vezes. Assim, eliminam o tempo que perderiam até que o parceiro de treino levantasse de novo. Desta forma, eles treinam as entradas de queda mais vezes, deixando a técnica automatizada.

Pense então como poderíamos usar esta metodologia do judô no boxe. O professor de boxe pode ensinar seus alunos a repetir sequências básicas de defesa e contra-ataque várias vezes, sem colocar força máxima nos movimentos, quase como um aquecimento. Nem mesmo o parceiro seria necessário no caso do boxe. É a repetição, e não a força que determinará a automatização do movimento. A força será treinada em outros momentos.

A progressão de técnicas do jiu-jitsu: uma finalização no jiu-jitsu só funciona se o atleta for gradativamente progredindo de uma posição de superioridade à outra. Primeiro, vencendo a barreira das pernas do adversário, ao passar a sua guarda, seja ela aberta ou fechada. Depois, ele precisa continuar avançando para a posição de montada, onde fica sentado sobre a barriga do adversário. Por último, atacando uma articulação como braço, pescoço, ou mesmo pegando suas costas caso o adversário se vire em desespero. Tudo isso sem deixar brechas entre uma transição de posição e outra.

Como trazer essa metodologia de progressão do jiu-jitsu para o boxe? Lembre-se que não estamos falando em trazer técnicas de uma luta para outra, por isso não estou falando de utilizar técnicas do jiu-jitsu no *clinch* do boxe. É o conceito de progressão do jiu-jitsu que será utilizado:

avançar minimizando os riscos e sem perder o controle do oponente.

Um professor de boxe pode mostrar que muitas fintas podem induzir um tipo de guarda no adversário, permitindo que você bata em uma área exposta. Um passo na sequência deste movimento fará você progredir para uma posição onde fique menos vulnerável e mais bem posicionado em relação ao adversário. Seguindo este caminho, você consegue golpear o adversário enquanto ele não é capaz de atingir você. É a progressão de posições no jiu-jitsu fazendo a diferença no boxe.

Observem que, nos exemplos acima, nenhuma técnica é acrescentada à outra modalidade. Não falamos para o boxeador em questão chutar o adversário, entrar em queda ou tentar finalizá-lo. É o uso de metodologias das outras artes marciais que é aproveitado.

Vá além dos golpes e técnicas. Você não precisa inventar tudo do zero. Basta olhar com admiração para o lado.

Capítulo 20

A arte de ensinar e de aprender

O que leva alguém a começar nas artes marciais? Foi a vontade de fazer o que outros artistas marciais fazem nos filmes e na televisão? Foi uma necessidade de se sentir mais seguro? Ou foi a busca por uma atividade saudável? Independente dos motivos que levam muita gente a iniciar sua jornada no mundo das lutas, pouco se fala de uma etapa posterior à prática: ensinar sua arte marcial para outras pessoas.

Ser professor de uma luta não é o fim da sua

carreira marcial, mas um novo começo na sua jornada. Tornar-se professor, mestre ou instrutor é uma etapa completamente diferente de todas as outras na vida de um lutador. É semelhante à sensação que muitos descrevem quando passam do status de filhos para se tornarem pais. Mas quantos artistas marciais realmente se preparam para este momento?

Nas artes marciais, quase tudo é sobre preparação. Você se prepara em uma base firme para executar um soco perfeito. Você também se prepara para saber todo o conteúdo teórico e prático no dia do exame de faixa. Você se prepara até para estar no peso certo dentro da sua categoria quando tem uma luta marcada. Para ser professor, no entanto, é comum que os praticantes não se preparem.

Historicamente, o mais habitual é que um praticante de lutas migre para a função de professor no início da vida adulta. Normalmente, isso acontece por necessidade financeira, unindo o útil ao agradável. O artista marcial acredita que entende da prática e que agora pode viver ensinando. Mas será que um praticante está apto a dar aulas apenas porque domina tecnicamente o currículo básico de técnicas da sua modalidade?

Algumas modalidades de luta possuem graduações por faixa, como jiu-jitsu, taekwondo e o caratê. Normalmente, é a partir da faixa-preta que o praticante é considerado apto a dar aulas. Mas o que os exames de faixa-preta normalmente avaliam é a capacidade técnica de execução dos golpes da modalidade. Resumindo: se o praticante consegue chutar, socar ou imobilizar o adversário com eficiência, ele está apto a dar aulas. Esse parece ser o critério mais comum, tornar-se faixa-preta ou instrutor dentro de um sistema de avaliação de habilidades. Quais seriam outros critérios? Veremos alguns argumentos comuns e vamos refletir sobre sua validade.

O primeiro critério é o da competição. Alguns professores que foram competidores acham que todo instrutor deve ter um passado de competição, como eles. O grande problema desta norma é que a maioria deles é mediano no seu próprio critério.

Estatisticamente, apenas um pequeno número de ex-competidores vai realmente longe em torneios nas suas próprias modalidades. Grande parte dos atletas que competiram, não foram integrantes de suas seleções nacionais e nunca participaram de competições internacionais. Tiveram apenas uma atuação local, o que não pode ser considerado um grande sucesso. É fácil assumir que a maioria não atinge o ápice no esporte, já que um pódio tem apenas três lugares. Mas as competições chegam a ter dezenas de participantes inscritos por categoria. Por isso, se o critério principal para dar aulas é competir, ser um competidor mediano ou com cartel negativo me parece contraditório. É como estabelecer para os outros uma prova que você fez, mas não passou.

Mas não é demérito nenhum ter feito uma carreira sem estar entre os primeiros do ranking no seu esporte. A experiência de participar por si só é válida. A coragem de um artista marcial de se propor a subir no ringue ou no tatame para enfrentar outro lutador treinado sempre será admirável. Será uma experiência de vida incrível. O problema é quando isso se torna um pré-requisito para a função de dar aula, que pouco tem a ver com competir.

Surge então o segundo critério: só podem dar aula aqueles que tiveram sucesso em competições. Parece o caminho lógico. Se os ex-atletas de atuação mediana tem poucos argumentos, o que dizer daqueles que tiveram grande sucesso e também acham que apenas ex-lutadores podem ser professores? Estamos falando dos ex-competidores que realmente brilharam em suas modalidades. Aqueles que possuem um longo cartel positivo e medalhas em competições de nível nacional e internacional.

Mas pensando neste grupo cada vez mais seleto, quantas pessoas estariam aptas a ensinar? Se apenas os campeões de competições relevantes como campeonatos nacionais, olímpicos e mundiais pudessem dar aulas, nós teríamos pouquíssimas academias desenvolvendo novos artistas marciais. Isso seria péssimo para qualquer modalidade, já que também haveria um número muito reduzido de praticantes. Se temos apenas três lugares no pódio, ter apenas três academias com professores aptos parece uma grande limitação.

Chegamos então a uma terceira categoria: dos professores que nunca competiram. Temos exemplos de grandes treinadores no boxe que jamais competiram profissionalmente, como Cus D'amato, que treinou ninguém menos que Mike Tyson. Angelo Dundee também treinou o maior boxeador de todos os tempos, Muhammad Ali, sem nunca ter feito uma luta profissional. Outros exemplos são Teddy Atlas e Virgil Hunter, além de vários outros em academias por todo o mundo. Eles mostram grande conhecimento técnico da modalidade, bem como dos fatores que envolvem a competição.

Para nos ajudar a compreender como pode haver pontos de vista tão diferentes, podemos nos basear em um conceito bastante frequente nos estudos atuais de Economia Comportamental. Este conceito é conhecido como Viés Cognitivo. Segundo os pesquisadores Kahneman, Thaler e Tversky, os vieses cognitivos são erros que todos podem cometer ao fazer uma escolha por um argumento. Como os argumentos que vimos acima. As pesquisas de Jonathan Haidt sobre decisão moral demonstram que quando uma decisão é muito difícil, as pessoas usam mais a sua intuição do que a razão. Porém, normalmente elas optam por uma escolha que seja mais fácil de defender.

Em uma pesquisa que mostra este funcionamento na prática, vários entrevistados responderam perguntas por escrito. No segundo momento, os pesquisadores trocaram as respostas das perguntas sem que os entrevistados percebessem. Quando pediram que os entrevistados justificassem suas respostas, eles tentaram defender escolhas que sequer tinham feito.

Por isso, é normal que as pessoas usem como argumento um fato baseado na sua experiência pessoal. Simplesmente porque é mais fácil justificar sua posição como causa e consequência: fui competidor e agora dou aula, então este é o caminho correto. Fui campeão e dou aula, esse é o caminho. Nunca competi e dou aula, este é o caminho.

Mas talvez a confusão de critérios tenha surgido de uma confusão anterior: a diferença entre professores e treinadores. Acredito que podemos nos aprofundar ainda mais e pensar na função destas duas categorias de profissionais.

O professor é aquele que dá aula em uma

academia, ensinando a modalidade a você com todos os fundamentos técnicos possíveis. Pegando o boxe como exemplo, é o professor quem vai ensinar a postura de combate, os diferentes tipos de guarda e a caminhar no ringue. Assim como os fundamentos técnicos de ataques, esquivas, bloqueios e como usar todos eles em conjunto. O professor também vai ensinar as estratégias de luta. Normalmente, é o professor quem oferece o primeiro contato com a modalidade a um iniciante.

O treinador é aquele profissional que treina o atleta para competir. Ele pode até ser o mesmo professor que ensinou ao atleta tudo sobre a modalidade. Mas também pode ser alguém contratado para prepará-lo apenas para uma luta específica, somente por alguns meses. Talvez para os treinadores realmente seja mais importante ter competido, para saber como funciona um torneio de luta. É comum que o treinador receba os atletas relativamente prontos, aptos dentro dos fundamentos a lutar em uma competição.

Em 90% das academias, os alunos praticam uma modalidade de luta apenas por lazer. A maioria dos alunos nunca irá participar de uma competição. Seu público médio dificilmente vai entrar num ringue ou octógono para lutar. Mas todos eles vão seguir um programa de treinamento técnico, tático e físico. Todos serão estudantes da arte marcial. Por isso, pensar no seu público, seu foco e na sua função também é importante. Decida se você quer ser um professor, um treinador ou ambos antes de começar.

Com os dados acima, é fácil perceber que a grande maioria dos alunos será ensinado por professores. O professor ensina sua arte marcial para alunos que não são competidores, pelo menos no primeiro momento. Por isso, precisa muito mais de uma metodologia pedagógica que permita ensinar ao aluno os fundamentos técnicos e os princípios ditos filosóficos de cada arte marcial. A este professor cabe inclusive o papel de encaminhar seu aluno para um treinador, caso ele mostre interesse em competir.

Mas será que para ensinar uma luta, devemos focar apenas no caráter técnico ou é preciso um grande conjunto de habilidades? É possível aprender a ensinar, como aprendemos golpes e movimentações? Com certeza é possível. Desde que haja preparo. O preparo para ensinar. Aí chegamos em critérios realmente sólidos.

Se você fica bom em socos e chutes treinando socos e chutes, você também pode aprender a ensinar ensinando. Para isso, é preciso também estudar. Não basta apenas imitar a aula que seu professor ensinou para você. Você pode pegar o melhor dela e de várias outras. Pode conversar com seu professor e se oferecer para ensinar alguns alunos mais novos na modalidade. Pode fazer cursos sobre como dar aulas.

Quanto mais teoria e prática você tiver de docência, até mesmo em outras áreas que não a luta, mais vai desenvolver sua capacidade de ensinar.

Aqui é quando outros conhecimentos e experiências também podem ajudar. Se você tem outras formações além da luta, pode dar cursos, aulas e palestras que vão servir como uma prática de falar em público muito válida. Esta habilidade será extremamente importante para a aula na academia depois. Pratique a sua exposição, a comunicação para várias pessoas e a coordenação de grupos em qualquer área. Isso é treinar a sua habilidade de ser professor.

É essencial também aprender como estudar. Quase todo o conhecimento do mundo hoje é acessível online. Você pode ler artigos científicos sobre treinamento desportivo. Você pode ler artigos sobre psicologia do esporte. Pode até aprender como ler artigos. Pode fazer cursos sobre treinamento, sobre pedagogia e seminários com professores experientes. Aproveite também para ensinar seus amigos enquanto ainda é um praticante.

Você perceberá que ensinar também é uma das melhores maneiras de aprender e de fixar um conhecimento que você adquiriu. Por isso, pratique também o seu método de ensino enquanto ainda é um estudante.

É importante saber que você não vai adquirir magicamente a habilidade de dar aula no momento em que receber sua faixa-preta. Mas verá que ser professor é uma habilidade desenvolvida ao longo dos anos, exatamente como a sua técnica de luta.

Falando sobre o aspecto mental no ensino da arte marcial, o professor de artes marciais, como em qualquer área, deve ensinar o aluno a pensar por si próprio e não apenas a repetir movimentos. O aluno, neste caso, deverá desenvolver seu próprio "Professor Interno", aquele que corrige sua própria técnica e define novas estratégias mesmo quando seu professor não está fisicamente presente.

O seu aluno merece receber a noção completa dos porquês de cada técnica ou estratégia. É por isso que penso que todo aluno deve ser treinado para ser professor. Mesmo que seja apenas de si mesmo.

Capítulo 21

Entre para as estatísticas

Thomás Lagarto era um profissional brasileiro de MMA que tinha uma luta marcada para daqui a dois meses. Seria sua primeira competição em outro estado, após algumas lutas de sucesso no circuito regional.

Quando um lutador começa a abrir seus horizontes, surgem vantagens e desvantagens. A principal vantagem é começar a ser mais conhecido nacionalmente. A desvantagem é que nem sempre sabemos quem são os adversários que também estão vindo do seu próprio circuito regional.

Seu oponente seria Marcos "Rayban" Oliveira. Thomás e seu treinador não sabiam nada sobre ele. Apenas que a bolsa seria um pouco maior do que recebia até então. A solução, é claro, foi pesquisar na internet.

Pesquisando sobre o futuro adversário, Thomás e seu treinador não encontraram vídeos das lutas de Marcos. Mas conseguiram descobrir nas redes sociais que ele era um faixa-marrom em jiu-jitsu (a última graduação antes da faixa-preta), o que já sugeria uma boa qualidade do seu jogo de luta no solo. Procurando um pouco mais, enfim chegaram ao seu cartel (número de lutas que inclui vitórias, derrotas, empates e lutas sem resultado). Marcos Rayban tinha 5 lutas, com quatro vitórias por finalização e uma vitória por pontos, sem nenhuma derrota ou empate.

Aqui começamos a fazer a análise dos dados disponíveis. Essa era a informação mais importante: se o oponente é um faixa-marrom de jiu-jitsu e a maioria das suas lutas se deu por vitórias no solo, então o perfil já estava traçado:

iriam enfrentar um adversário que dava preferência para a luta agarrada.

Aqui é importante ressaltar que, em nível regional, com bolsas pequenas, é comum que lutadores no início de carreira ainda não tenham atingido seu máximo potencial. Isso muitas vezes se reflete em uma maior habilidade em um único aspecto da luta, seja a luta de solo, como jiu-Jitsu, ou a luta em pé, como no muay thai e boxe.

Thomás Lagarto, no entanto, já era um lutador dito mais híbrido, mais completo. Embora com pouca experiência profissional, ele sempre treinou muay thai e jiu-jitsu. O Brasil, além de ter pouca tradição no Wrestling, ainda treina muito pouco esta modalidade, que aparece mais quando está integrada aos treinos mistos de MMA.

Feita a pesquisa sobre o adversário, começou a preparação. Além da preparação física, o treino estava todo focado para a estratégia. A equipe selecionou vários colegas de Thomás que tinham bastante experiência no chão para treinos onde ele deveria evitar todo tipo de quedas. Também foi dada muita ênfase a como sair de posições difíceis no chão. Basicamente, seguiram o manual de como enfrentar um especialista na luta de solo. Ao final do campo de treinamento, Thomás se sentia confiante e preparado.

Chegado o dia da luta, peso batido para ambos na categoria, começa o combate. Thomas luta em uma postura um pouco mais baixa, com as mãos levemente abaixadas. A intenção era evitar quedas, mas ainda assim conseguir defender seu rosto.

Do outro lado, Marcos Rayban demonstra um jogo de pernas que lembra muito os boxeadores cubanos. Uma movimentação constante, com aplicação de sequências de socos, seguidas de evasão. Praticamente um fantasma, que golpeava Thomás, mas não estava mais lá para receber o revide.

Um minuto e meio de luta se passou no primeiro *round,* quando o público ficou em silêncio. Ouvimos apenas o som de Thomás batendo com as costas no chão, após ser atingido por uma sequência de socos muito precisos. Marcos Rayban imediatamente se joga sobre ele, pegando suas costas e finalizando Thomás com um mata-leão. Fim do combate.

Agora vamos pensar: qual habilidade foi fundamental para que Marcos Rayban vencesse esta luta? Foi seu jogo de chão, exemplificado pelo mata-leão que finalizou o adversário, ou seu jogo de boxe, que fez com que ele controlasse a distância e fosse preciso em seus ataques?

Após a luta, cumprimentando os treinadores do time adversário, a equipe de Thomás descobriu que seu oponente era filho de um grande treinador de boxe, e havia participado da seleção olímpica de boxe antes de migrar ao MMA.

Um dos preceitos básicos da pesquisa científica é a estatística, que nos dá uma informação precisa. Outro, é saber ler estas informações. Observar a tabela de métodos de encerramento de luta, por nocaute ou finalização, ainda nos diz muito pouco sobre um adversário.

Um lutador pode colocar uma pressão imensa nas lutas usando o *wrestling* ou o jiu-Jitsu e por fim nocautear um adversário cansado. Esta vitória aparece como um nocaute em seu cartel, dando uma falsa impressão de que a sua maior habilidade na luta é em pé.

O contrário também pode acontecer: um

lutador pode derrubar seus adversários com socos e chutes e apenas terminar a luta com um estrangulamento, exatamente como vimos na história acima. Isso dá uma falsa impressão de que seu jogo se baseia na luta de chão.

Por isso, o dever de casa completo da equipe não é apenas ver qual foi a via de vitória, mas sim observar o contexto inteiro de uma luta. Olhe sempre para os números. Mas mais do que isso, olhe antes para a maneira como estes números foram colocados no papel. Só assim você não vai virar mais um número negativo na tabela dos seus oponentes.

Capítulo 22

Luta ou defesa pessoal?

Roberta é uma lutadora de nível olímpico. Campeã de boxe nas competições regionais da sua cidade, no norte do Brasil, ela era filha de um professor da modalidade. Roberta cresceu dentro da academia de seu pai, e encantada com o esporte, nunca sequer pensou em fazer outra coisa. Passou pela fase juvenil de competições participando de torneios internacionais. Teve excelentes resultados.

Roberta então virou uma atleta da seleção olímpica permanente. Isso quer dizer que, além de treinar sua modalidade todos os dias, coisa que já fazia, agora ela teria como parceiras e parceiros de treino os melhores atletas do país em sua modalidade. Com eles, ela iria fazer exercícios de boxe todos os dias.

Agora, Roberta estava vivendo seu sonho. Além de diversas simulações de combate ao longo da semana, Roberta acumulou um número de lutas que passaram de duzentos combates oficiais. Ela não tinha nem 25 anos. Vieram títulos mundiais e enfim a tão sonhada participação em olimpíadas. Mas o importante aqui não é analisar o número de vitórias que Roberta teve, nem suas colocações nestas competições, mas sim sua experiência acumulada. Isso quer dizer que, além da enorme quantidade de combates travados, ela lutou, se defendeu e atacou atletas de todas as nacionalidades do planeta, cada uma com um biotipo, uma altura, uma envergadura de braços e, principalmente, um estilo de luta diferente.

Além da habilidade, força, velocidade e potência, Roberta desenvolveu uma capacidade cognitiva que denominamos de flexibilidade cognitiva. Isso significa que suas experiências diversas deixaram a atleta muito mais adaptável a qualquer nova adversidade que pudesse resolver. O que aumentou consideravelmente sua capacidade de resolução de problemas.

Em uma de suas viagens para competir, em um país do leste europeu, Roberta estava passeando com as colegas da equipe após o final do campeonato. Tinham apenas uma tarde para conhecer o país fora do hotel ou do ginásio de lutas, e resolveram aproveitar. Durante o passeio entre bancas de vendedores de rua, sentiu que um homem bloqueou sua passagem. Ela sorriu estranhando a atitude e tentou dar a volta. Mas viu que o homem intencionalmente continuou se colocando em seu caminho. Roberta olhou para baixo e viu que ele tinha uma pequena faca na mão, e fazia um sinal para que ela entregasse sua mochila.

Agora vamos analisar a situação do ponto de vista da defesa pessoal. Roberta pratica há anos um esporte cheio de regras, o boxe. Onde usa luvas para proteger as mãos. Onde sabe o dia e hora em que vai lutar e até mesmo as possíveis adversárias. Suas oponentes têm o mesmo peso que ela. Roberta está acostumada a situações de conflito corporal onde ela tem algum tipo de controle, e essas situações não têm nada em comum com um homem apontando uma faca para ela do outro lado do mundo.

Lembre-se também da história desta atleta. Roberta jamais treinou técnicas de defesa pessoal. Nunca aprendeu um golpe que desarmasse a faca de um agressor. Jamais aprendeu a torcer uma mão com uma arma ou a chutar a genitália de um assaltante, golpes comuns no currículo das aulas de defesa pessoal.

O desfecho esperado para a situação era o seguinte: chocada, Roberta acabaria por entregar sua bolsa ao assaltante e sair logo dali. Foi isso mesmo que o assaltante também imaginou que iria acontecer, segundos antes de perder sua consciência. Em seguida, caiu desmaiado no chão após um cruzado perfeitamente encaixado em seu queixo. Roberta foi logo embora com suas colegas de equipe e não esperou até o assaltante acordar.

Agora vamos pensar sobre o que ocorreu. Ainda que a atleta olímpica treine para as regras de competição, a mentalidade adquirida na adversidade do treino olímpico é diferenciada. O nível de competição e adaptação a que ela se submete faz com que uma competidora "esportiva" tenha muito mais chances de se defender em uma situação inusitada de sobrevivência.

A seguir, vou enumerar os motivos pelos quais separar o conceito de defesa pessoal de qualquer modalidade de combate esportivo não faz sentido.

Só fazemos bem o que treinamos bem.

Não são os golpes, mas a dinâmica de luta que importa. Quando a diferenciação entre a luta esportiva e a defesa pessoal é feita considerando apenas o tipo de técnica treinada, como golpes "ilegais", do tipo dedos nos olhos, chute entre as pernas e torções, temos um grande problema.

Golpes ilegais não podem ser treinados em um exercício livre de luta. Já os golpes das lutas esportivas, que normalmente são socos, chutes, quedas e finalizações, podem ser treinados em alta intensidade e causando o mínimo de dano ao colega de treino. Isso não quer dizer que o dedo no olho seja ineficiente. O problema é que você nunca vai poder treiná-lo no seu colega em uma dinâmica de combate sem deixá-lo cego.

Este é o Princípio da Especificidade, uma

máxima do treinamento esportivo, que segundo autores como Bompa e Dantas, estabelece que devemos treinar o gesto motor da forma mais próxima possível da execução que faremos em uma modalidade esportiva. No nosso caso, as lutas.

Quanto mais simples, melhor.

Pegando como exemplo a modalidade do boxe, ele possui seis golpes básicos, desferidos com os punhos. Vamos nos basear nas evidências estatísticas. Treinar os mesmos seis golpes três vezes na semana faz você chegar às dez mil horas de excelência muito antes de alguém que treina dezenas de golpes "ilegais". Treinar golpes "ilegais" como golpes com a ponta dos dedos, mãos abertas "em faca", costas das mãos, 3 vezes por semana, faz com que você treine muito pouco cada um deles. Sua habilidade com esse grande arsenal não será grande, justamente na hora em que sua vida depender disso. Por isso, um currículo muito extenso de golpes pouco treináveis nos colegas mais atrapalha que ajuda.

Outro problema comum dos treinos de defesa pessoal é o engessamento da técnica. O habitual é ver um ataque e uma defesa saindo de posições estáticas na distância ideal. O que dificilmente irá deixá-lo preparado para situações inusitadas.

O *sparring* prepara para o combate.

O *sparring* e as escolas de combate, onde os oponentes fazem fintas, se movimentam e atacam em dinâmicas diferentes servem justamente para deixar o praticante preparado e adaptável.

É na simulação de luta que os atletas se movimentam, antes e depois de aplicar os golpes, ajudando seu companheiro a treinar seus reflexos e se preparar para se defender de diversos ângulos.

Sua capacidade de flexibilidade cognitiva e de resolução de problemas vem das escolas de combate e *sparrings*. O ajuste e controle da distância em um combate livre é o que torna o atleta adaptável.

A competição prepara ainda mais para o combate.

Uma situação de defesa pessoal inclui sentimentos como ansiedade, injeção de adrenalina e ativação do sistema de luta ou fuga em seu cérebro. Pense bem: estamos descrevendo justamente tudo aquilo que os praticantes de lutas esportivas falam que sentem antes de subir no ringue.

Ainda que haja um nível de controle da situação, a ansiedade de um lutador competitivo sempre vai existir. Mas a grande vantagem deles é aprender, através das competições, a agir independente de sentir ansiedade. Isso acontece porque eles estão fazendo uma técnica descrita pelo psicólogo David Barlow como Exposição Progressiva: vivenciar gradualmente uma situação até diminuir os sintomas de ansiedade.

Competidores são treinados para performar sob pressão. Não há pressão maior do que uma situação de defesa pessoal em que sua vida pode estar em risco.

O MMA já provou as técnicas mais efetivas.

As competições de Mixed Martial Arts são um grande laboratório, onde quase todo final de semana podemos ver as técnicas mais eficazes sendo utilizadas, com premiações em dinheiro ao vencedor.

Isso quer dizer que ninguém vai optar por usar

uma técnica sem efetividade apenas porque gosta, arriscando uma lesão e perdas financeiras.

O MMA também é a competição com as regras mais amplas que existem. Onde você pode aplicar o maior número de golpes com qualquer parte do corpo, todo tipo de queda e de finalização. Se a sua técnica de defesa pessoal não pode ser utilizada em um torneio com as regras mais abrangentes que existem, é porque ela também não é tão treinável com parceiros. Ou talvez muito pouco efetiva.

É sabido que a movimentação de pernas, esquivas e socos do boxe são fundamentais no jogo do MMA. É de conhecimento geral que as combinações de socos e chutes, joelhadas e cotoveladas do muay thai são extremamente eficazes para decidir o combate. Também é um fato comprovado que o Wrestling é a arte mais eficiente para levar um adversário ao chão, ou para evitar ser levado ao solo. Também é fato que o jiu-jitsu reina absoluto como arte de desenvolvimento de luta no chão, onde controla a luta e progride até finalizar o oponente.

A mistura destas artes, ou seja, o MMA, se

estabelece então como o ápice da combinação de técnicas e possibilidades que podem ser treinadas para o máximo de situações possíveis, inclusive contra outro atleta altamente treinado na mesma modalidade.

Olhando desta maneira, se considerarmos o MMA como uma única modalidade (ainda que seja a combinação de várias), ela seria a forma mais moderna, eficiente e comprovada de defesa pessoal. O que exigiria "apenas" a dedicação integral do praticante.

Isso não significa que outras artes marciais mais focadas em defesa pessoal não possam ser eficazes e até utilizadas no MMA. É preciso apenas repensar sua aplicação no treino prático, dentro de uma dinâmica de combate mais próxima do real. Qualquer arte marcial pode servir como defesa pessoal se for treinada de maneira eficaz.

A defesa pessoal também é a sua atitude.

Não sei quanto a você, mas eu teria muito mais receio em enfrentar um atleta olímpico, seja de wrestling, judô, boxe ou um campeão mundial de jiu-jitsu do que um exímio praticante de "defesa pessoal".

A defesa pessoal passa muito pela sua atitude. Ela vem da segurança que você tem de dar o seu melhor no seu treino. Seu senso de capacidade passa por saber que também vai enfrentar um oponente técnico, que treina tanto quanto você, no caso de quem compete esportivamente.

Claro que a maioria dos praticantes de qualquer luta não se tornarão atletas olímpicos. Muitos sequer terão tempo de se dedicar a ponto de competir na sua modalidade. Mas digo que ainda é possível treinar o máximo dentro da sua capacidade. É possível treinar a sua atitude. E você pode fazer isso todo dia na sua própria academia.

● Treine a sua atitude junto com todo treino físico e técnico que fizer: chegue antes do horário marcado e aproveite todo seu tempo no tatame ou ringue.

● Tente fazer o que o professor pede a você antes de propor do seu jeito: esteja disposto a aprender de verdade.

● Repita mentalmente o treino em casa: aumente suas horas de prática visualizando suas técnicas.

● Faça perguntas ao professor: entenda o sentido de cada técnica, não só o movimento.

• Assista aos melhores praticantes da sua modalidade treinando e lutando: aprenda vendo os melhores e compreenda que existem muitos estilos possíveis.

Cuide da sua alimentação, do seu descanso e das suas lesões: cuidar do seu corpo também é respeitar o seu treino.

Nem sempre teremos a carreira de um campeão no esporte. Mas podemos ter uma atitude vencedora. Essa é a melhor defesa pessoal que existe.

Capítulo 23

Domesticando leões e fortalecendo gatinhos

Romualdo era um professor de judô de cinquenta e poucos anos. Há décadas dava aula no mesmo clube esportivo, tendo formado centenas de alunos em sua arte marcial. Além de professor, Romualdo também era pai de dois garotos, Rômulo e Remo, de 7 e 11 anos, respectivamente.

Apaixonado pelo judô, e acreditando que a formação nesta arte marcial poderia ajudar muito na educação de toda criança, Romualdo trouxe seus dois filhos para treinar a arte marcial que ensinava. Não exigiu que nenhum deles fosse um competidor, apenas que mantivessem o compromisso de treinar três vezes por semana. Rômulo, o irmão mais agitado, adorou a ideia. Já Remo protestou, dizendo que preferia se dedicar ao futebol de salão. Após conversar com o pai, ficou decidido que ele treinaria o judô com seu irmão e poderia treinar o futebol de salão em outros dias ou horários.

Romualdo, o pai, sempre dizia:

— Eu trato meus dois filhos exatamente da mesma forma. Desta maneira, tenho a certeza de que sempre sou justo com eles.

Certo dia, em um campeonato importante, o professor Romualdo sentiu que Remo estava meio apático durante o aquecimento que antecede o combate. Percebendo isso, chamou o filho para perto dele e disparou gritando:

— Acorda! Vamos botar mais vontade nisso! Olha o quanto você treinou, não é hora de fazer corpo mole, vamos dar tudo de si e chegar nessa medalha que você tanto quer!

O filho realmente estava mais apático, mas a

partir da motivação que o pai lhe deu, acabou rendendo mais e chegando até as finais. Por fim, tudo o que o pai queria aconteceu: Remo derrotou seu adversário e ficou com a medalha de ouro. Para ele, seus gritos de motivação foram essenciais para que o filho, aqui tratado como aluno, chegasse até a vitória. Parece que ser duro com os alunos, assim como com os filhos, era uma boa estratégia.

Alguns momentos depois, o professor percebeu que o filho mais novo estava brincando com outras crianças no tatame e não ouviu ser chamado pelo alto-falante que anunciava o horário da sua luta no ginásio.

O professor chamou o segundo filho e agiu exatamente da mesma forma. Até mesmo o discurso era semelhante:

— Você precisa prestar atenção! Quero ver mais vontade, tem que querer vencer! Você treinou muito para chegar até aqui, não dá mais para ficar de brincadeira!

Os olhos do menino olharam fixamente para o pai. Aquela vontade de vencer que surgiu no seu irmão, no entanto, não apareceu ali nos olhos de

Rômulo. O que apareceu foi uma chuva de lágrimas. O próprio pai, ao perceber a reação do filho, mudou imediatamente a postura, o chamou para um abraço e disse que ele não precisava chorar, agora em um tom bem mais acolhedor. Mas era tarde demais. O garoto começou a chorar cada vez mais, reclamar que não queria mais lutar, queria ir para casa, e assim o fez, quando sua mãe chegou para buscá-lo.

Essa história nos mostra que nunca podemos tirar o fator personalidade do jogo. A Teoria do Apego, desenvolvida pelo psiquiatra inglês John Bowlby, nos mostra que, mesmo com criações muito semelhantes, feitas pelos mesmos pais, as crianças desenvolvem necessidades totalmente diferentes umas das outras. É o que chamamos de temperamento de cada pessoa.

É por isso que nada poderia dar mais errado que a estratégia de tratar filhos diferentes da mesma forma. Seus alunos, assim como seus filhos, têm personalidades e temperamentos completamente diferentes. Mais do que isso, possuem necessidades diferentes. É claro que você deve fazer o possível para proporcionar as mesmas oportunidades a cada aluno. Mas é o caminho para cada uma dessas oportunidades que deve ser diferente.

Isso fica muito claro nos exercícios de escola de combate do boxe ou no treino dos rolas no jiu-jitsu. Alguns alunos são muito agressivos, seja por ansiedade ou por temperamento, o que faz com que eles tomem decisões precipitadas. Estes normalmente se dão bem nas fases de iniciante e intermediário, mas acabam perdendo para seus oponentes mais estratégicos quando alcançam níveis mais avançados.

Este tipo de temperamento mais agressivo só funciona em lutas de faixas mais iniciais, onde os adversários ainda podem se assustar mais facilmente. Neste caso, o ideal com estes alunos é trabalhar o autocontrole, para que eles consigam continuar sendo ofensivos, porém, nunca precipitados. Especialmente quando avançarem em sua graduação ou cartel na arte marcial.

Outro tipo de aluno é aquele comedido demais, pacato, que pede desculpas o tempo todo quando acerta o adversário, mesmo sem descumprir nenhuma regra combinada. Com este aluno, será necessário trabalhar um pouco mais a sua agressividade, já que sua capacidade de planejamento estratégico já é naturalmente mais desenvolvida. O aluno que pensa pouco deve pensar mais. Já o que pensa demais deve se deixar levar mais pelo momento.

O mais interessante de tudo isso, no entanto, é levar essas novas qualidades para a vida. Já pensou o ganho que um atleta inicialmente tímido pode ter ao desenvolver sua assertividade quando chegar no mercado de trabalho? Quantos problemas um aluno agressivo não pode evitar em suas relações pessoais, ao aprender a se controlar e não falar coisas que depois pode se arrepender? Quantas vezes poderá evitar tomar decisões por impulso?

Observe as necessidades de cada aluno, mas faça do seu jeito. Afinal, você também deve ter uma personalidade única.

Capítulo 24

Ligando o Modo Lutador

Lembram de Rômulo e Remo, os garotos da história anterior? Vimos que, de acordo com seu temperamento, cada um deles necessita de um tipo diferente de tratamento, seja dos familiares, seja do professor, para que possam atingir seu melhor rendimento.

Podemos dizer que esta história serviu bem aos instrutores e atletas. Mas agora, veremos de que maneira este relato pode ajudar os psicólogos do esporte a fazer intervenções específicas para auxiliar seus atletas. Por isso, as técnicas apresentadas neste capítulo devem ser utilizadas apenas por psicólogos do esporte, preferencialmente aqueles com experiência em Terapia Cognitivo-Comportamental, Terapia do Esquema ou Análise Transacional.

Rômulo, relembrando, era o irmão mais agitado. Durante as aulas, ele costumava executar com perfeição as técnicas de quedas aplicadas em seus colegas. Mas na hora do randori (a simulação da luta de competição no judô) Rômulo era bastante disperso. Mesmo tecnicamente eficiente, ele continuava brincando e fazendo piadas. Ainda que muito habilidoso, vencia alguns embates, mas perdia muitos randoris pela sua falta de foco. Ficava claro para todos que, de acordo com seu talento, seus resultados poderiam ser muito melhores.

Certo dia, Rômulo apareceu mais quieto na academia. Ninguém entendeu o porquê. Talvez nem ele se lembre. Poderia estar pensando em uma prova da escola, ou sobre o jogo do seu time no final de semana. Acontece que, depois de uma série de combates durante o treino, Rômulo performou de acordo com seu nível técnico, que era excelente. O resultado: ganhou todas as lutas.

Um colega que gostava muito dele, e era um pouco mais velho, chegou ao lado de Rômulo e comentou, com um sorriso satisfeito no rosto:

— Rômulo, você notou que hoje você se comportou como um adulto e foi bem melhor na luta? É isso aí, meu irmão!

Seria impossível para Rômulo não perceber este fato: parar de brincar no treino trouxe mais resultados e isso o deixou muito feliz. A partir de então, contente pelo seu próprio desempenho e percebendo do que era capaz, Rômulo resolveu que, todo dia ao chegar no treino, ele iria se comportar exatamente como neste dia. Tudo na tentativa de ter os mesmos resultados.

O tempo passou e Rômulo, ao longo dos dias, continuava sendo uma criança brincalhona. Ria e se divertia com os colegas no colégio e com seu irmão em casa. Mas todo dia, ao chegar na academia, ele repetia para si mesmo: "Agora eu estou no meu Modo Adulto".

Essa frase, repetida em sua cabeça, fazia com que ele entrasse em um estado de concentração muito maior. Ele ficava mais focado no que deveria fazer e muito mais alheio às próprias emoções que poderiam surgir para atrapalhar.

Esta espécie de treino mental que Rômulo criou para si mesmo, sem que ele percebesse, foi fortalecendo esse Modo Adulto cada vez mais. Quanto mais este Modo se desenvolvia, mais horas o Modo Adulto ocupava na sua rotina, trazendo vantagens não só nos treinos, mas também na escola e nas relações com a família.

Aos poucos, aquele Modo Criança Bagunceira, que não focava muito nos treinos e que acabava tirando a recompensa da vitória, foi diminuindo o espaço e a força com que aparecia na rotina de Rômulo. Além do seu próprio progresso, houve um benefício geral: todos na turma perceberam que ser um adulto não é algo que acontece quando fazemos aniversário. Mas é um processo de amadurecimento. Esse processo pode ser auxiliado por um treino mental. Assim como o treino físico, o treino mental também exige frequência, continuidade e adaptação.

Mas como podemos usar a experiência de Rômulo para desenvolver um treino mental que auxilie os psicólogos do esporte no trabalho com seus atletas de forma sustentável? A Análise

Transacional, criada pelo psiquiatra Eric Berne, traz o conceito dos Estados de Ego. Nesta linha, cada Estado corresponde a uma faceta, uma maneira que todos temos de agir. Pode ser o Estado Adulto, aquele que toma decisões racionais, sem ser diretamente influenciado por nenhuma emoção, ainda que ela exista. Pode ser como o Estado Pai, que aconselha, apoia ou pune seu filho ou alguém sob sua tutela. E pode ser também um Estado conhecido como Criança, seja ela alegre, triste, birrenta ou brincalhona (essa última onde Rômulo passava a maior parte do tempo). Ter consciência destes estados mentais permite que uma pessoa possa escolher qual deles é mais adequado a cada situação.

Vamos entender estes conceitos através de alguns exemplos práticos: em uma festa, o Estado Criança Brincalhona é útil para que você se divirta e possa socializar com seus amigos. Em uma entrevista de emprego, não tanto. Em uma reunião de negócios, o Estado Adulto vai trazer argumentos racionais para que seu parceiro de negócios entenda os benefícios da transação. Já em outro momento, quando a sua companheira está resfriada, entrar no Estado Pai Protetor pode oferecer o conforto e o cuidado que ela precisa no momento.

Algumas décadas depois da criação da Análise Transacional, o psicólogo Jeffrey Young desenvolveu a Terapia do Esquema e o conceito de Modos Esquemáticos, muito semelhante aos conceitos de Estados de Ego de Berne. Os Modos ampliam as possibilidades para dezenas de facetas e maneiras de se comportar. Young também relacionou cada uma destas facetas a um Esquema, que são um conjunto de ideias, sensações e memórias construídas na infância e que afetam os indivíduos ao longo da vida.

Trazendo as contribuições destes autores para o terreno do esporte, vemos que é possível fazer algumas adaptações que auxiliem os psicólogos do esporte no trabalho com os atletas e mesmo os praticantes do dia a dia. Eles podem utilizar estas técnicas para se concentrar no treino ou nas competições, de maneira a ter na prática das artes marciais um momento de bem-estar enquanto adquirem autoconhecimento.

Aqui é onde o trabalho do psicólogo do esporte pode fazer toda a diferença. Entre os Modos possíveis de se desenvolver em um praticante de luta, podemos pensar no Modo Lutador.

Primeiro, podemos convidar o atleta a focar nas características básicas que o Modo Lutador precisa ter, independente da pessoa. Em seguida, podemos partir para a individualidade e acrescentar características pessoais do atleta ao seu Modo Lutador. Vejamos os focos que todo atleta que se encontra no Modo Lutador deve apresentar.

O foco na tarefa. O Modo Lutador não pensa no que errou, mas sim em como fazer certo na próxima vez. Ele não faz reclamações e críticas a si mesmo, faz ajustes na próxima técnica.

Foco no pensamento racional. O Modo Lutador é pragmático e não faz juízo de certo e errado, bom e ruim. Ele percebe que as emoções como frustração e ansiedade podem aparecer, mas sabe que não precisa alimentar elas, pode apenas ignorá-las.

Foco no que treinou. O Modo Lutador sabe o quanto treinou e se dedicou. Por isso não foca em colocar em dúvida sua técnica e condicionamento. Ele sabe que, se já fez algo antes em um treino passado, pode fazer de novo no treino atual ou na luta.

O foco em si mesmo. O Modo Lutador não condiciona seu desempenho a agradar seu técnico, sua família, seus colegas ou mesmo o público que possa assistir a uma luta de competição. Foca apenas em executar o plano porque é o que precisa ser feito.

O foco na adaptação. O Modo Lutador não insiste em fazer só o que ele gosta, o que ele faz melhor ou o que planejou. Ele se adapta e muda o tipo de tática de acordo com o que for necessário durante a luta.

Agora, o psicólogo do esporte deve focar na construção do Modo Lutador baseado nas características individuais de cada artista marcial. É possível construí-lo junto ao lutador com a seguinte atividade. Essa construção começa a partir do que Young chama de uma imagem mental. Só que ao contrário da terapia tradicional, essa imagem mental será baseada em uma lembrança de desempenho positivo do praticante.

A primeira coisa que devemos fazer é pedir ao atleta para que se lembre de um dia, pode ter sido no treino, pode ter sido na competição, em que ele sentiu que estava muito concentrado. Um dia em que ele sentiu que as técnicas estavam fluindo com tranquilidade. É importante também que lembre de um dia em que ele sentiu que as emoções surgiam, mas que seu foco na tarefa deixou elas de lado. Peça que ele descreva o dia, o momento. Quem era o adversário ou parceiro de treino. Peça que ele descreva onde estava. Fale para ele ser o mais específico possível sobre os detalhes deste momento. Qual era o cheiro e a aparência do ambiente? O que ele estava enxergando? Quem estava por perto? Quanto mais detalhes relacionados às sensações, melhor. Peça então que seu aluno descreva como se sentiu durante esta experiência.

Assim que esta descrição acabar, explique que vocês vão construir seu Modo Lutador, um estado de foco onde ele vai desempenhar sua melhor forma mental. Vocês vão se basear nesta experiência que ele teve e descreveu para você com detalhes.

Após esta explicação, peça que ele liste uma série de características que descrevem o seu Modo Lutador. Você perceberá que vocês estarão construindo juntos o Modo Lutador, que será usado tanto nos treinos, quanto nas competições.

Isso mesmo, ainda que no treino o praticante não faça uma luta, mas um *sparring*, é preciso treinar a mente para o estado de luta que usará na competição também. Isso para garantir que a frequência de treinamento mental seja alta. Assim como o treino físico, o treino mental exige frequência para que o praticante realmente comece a perceber os ganhos ao passar do tempo.

Agora que seu lutador tem seu próprio Modo Lutador construído, é importante saber como ativá-lo. O lutador não vai poder recapitular cada uma destas características todo dia antes do treino ou luta. Ele precisará de um gatilho mais rápido, que resuma o que o Modo Lutador significa para ele, para que possa entrar neste estado o mais rápido possível.

Para ligar seu botão do Modo Lutador, a sugestão é usar sempre uma frase curta. Peça, novamente, que o próprio lutador elabore essa frase que resume este modo para ele. Você perceberá que quando a construção é feita pelo próprio atleta, isso facilita que ele se aproprie desta ideia e entre muito mais no processo. Isso não aconteceria da mesma forma se ele recebesse uma frase pronta.

Todo evento tem um Modo ideal que podemos usar. Estar fisicamente e tecnicamente preparado é fundamental. Mas nunca podemos esquecer do software que faz este hardware rodar. Trazer seu Modo Lutador para uma batalha é garantir que você não está deixando uma criança pilotar um foguete.

Capítulo 25

O treino do futuro

A tecnologia avança de maneira exponencial. As descobertas e aprimoramentos que antes demoravam décadas, hoje dão grandes saltos em um par de anos.

Com o esporte, não é nem um pouco diferente. Temos dados que podem ser identificados desde as análises de vídeo, até medidas de componentes de sangue dos lutadores. Até mesmo exames de imagens revelam qual parte do cérebro é mais ativada em cada ação, o que faz com que a ciência do esporte não pare nunca de se aprimorar. Atletas, técnicos e professores possuem cada vez mais recursos para romper novas barreiras.

Mas antes de se tornar uma realidade estabelecida, todo salto de tecnologia passa por duas fases: a primeira é a imaginação e a segunda é a experimentação.

Imaginar é pensar e refletir sobre o que poderia auxiliar no treinamento, que tipo de informação ou instrumento pode nos ajudar a ir além do que já fazemos com os lutadores.

A segunda fase é o teste. Após pensar no que pode ser feito, é preciso testar na prática, observando se há um resultado relativamente relevante, que possa ser usado em diferentes contextos por vários atletas e treinadores diferentes e que funcione da mesma forma.

Pensando agora na primeira etapa, faça um exercício de imaginação. Imagine o equipamento de treino perfeito. Não é um simples saco de pancada, nem um aparador de socos em um formato diferente. Não são cones ou marcações no chão. Nem mesmo as luzes que piscam para aprimorar a velocidade de reação. Algo muito mais complexo e completo. Você pode ter pensado na realidade virtual, que já se apresenta como uma ferramenta que está sendo aprimorada já em uso. Ela realmente é um instrumento incrível com muito mais potencial para crescer. Mas mesmo os estímulos visuais e auditivos da realidade virtual estão longe de fornecer o treinamento mais fiel à realidade.

Então vamos pensar em algo mais concreto. Um tipo de equipamento que simula perfeitamente seu adversário em uma luta. A ficção científica já trouxe diversos modelos que simulam seres humanos em suas características e comportamentos. Você pode chamá-los de androides, autômatos, ou simplesmente de robôs.

Dotados de inteligência artificial, estes seres poderiam auxiliar no dia a dia dos praticantes de luta como nenhum outro equipamento seria capaz. Poderiam servir para ajudar você a treinar sua movimentação ao mesmo tempo em que desfere socos, o que é bem melhor que um equipamento estático. Mas mais do que isso, poderia interagir com você, simulando diferentes situações de luta, ajudando você a estar muito mais preparado para quando fosse enfrentar um adversário em competições. Ele treinaria sua distância, *timing*, e até ofereceria diferentes níveis de comportamento ofensivo ou defensivo para você treinar o que precisasse. Quem sabe até iria tomar um açaí com você depois do treino?

Se você achou esta última funcionalidade um pouco esquisita, mas ao mesmo tempo familiar, a resposta é simples: acabamos de descrever seu colega de treino. O ser dotado de inteligência, que literalmente empresta seu corpo para que você possa treinar diferentes habilidades já existe. Ele é o seu colega. O melhor de tudo: normalmente é alguém com os mesmo objetivos e motivações que você.

Pensar em tecnologias que agreguem ao treino é importante. Mas valorizar o material humano é fundamental. Talvez isso fique muito mais claro para os professores, que observam estas interações e até pensam em diferentes treinos dependendo do material humano de que eles dispõem. Mas se você que estiver lendo for um praticante de luta, saiba que ninguém ajuda mais no seu desenvolvimento do que seu colega de treino.

Pensando assim, é importante saber que, embora o exercício de luta desperte muitas emoções como ansiedade e frustração, a pessoa que está treinando você não é seu adversário. Seu colega é uma pessoa que está disposta a receber golpes para que vocês dois possam ficar mais habilidosos. Poucas relações possuem tanta entrega quanto essa.

Você não precisa ser o melhor amigo dos seus colegas. Mas valorizar e acima de tudo preservar seus colegas de treino é fundamental. É preciso que seu parceiro esteja saudável e bem para voltar e treinar com você de novo no dia seguinte.

O melhor equipamento do mundo já está todo dia bem na sua frente. Cuide dele como você cuida de si mesmo.

Capítulo 26

Final

Mesmo tendo diversas experiências em artes marciais diferentes, costumo dizer que a minha verdadeira faixa-preta só veio quando descobri a Psicologia.

Lá pelo meu último ano de colégio, reencontrei um colega que não via há tempos, estávamos conversando trivialidades e percebi algo diferente nele. Durante algum assunto, ele mencionou que não se importava muito com o que os outros iriam pensar sobre ele, mas que o importante era fazer o que o deixasse feliz. Aquilo foi um choque de maturidade para mim. A frase do meu colega soou de forma tão tranquila e em paz consigo mesmo, que pensei: "Eu também quero ter essa tranquilidade". Comentei com ele o quanto ele parecia mais maduro e perguntei o que ele fez no último ano para estar assim. Ao contrário do que você pode imaginar, ele não havia começado no boxe, taekwondo ou no jiu-jitsu. Sua confiança não vinha da capacidade de se defender em uma luta. Ele me contou que estava fazendo terapia.

Nos anos 90, época deste relato, ir a um psicólogo ainda era tabu, especialmente entre jovens. Tinha-se uma falsa ideia de que terapia era algo apenas para pessoas com problemas severos. O que eu e meu amigo descobrimos é que era justamente o contrário. Mais do que focar apenas em problemas, a terapia poderia dar espaço a nossas forças para nos levar mais longe. Aprendemos a fazer uma interpretação mais precisa de nós mesmos e do mundo, o que facilitou muitos caminhos.

Com certeza as artes marciais são terapêuticas. Nós sabemos que as lutas nos deixam mais tranquilos pela liberação de hormônios decorrente da prática do exercício. As lutas também nos deixam mais confiantes pelo senso de autoeficácia, além de ter um papel de socialização pela convivência com o professor ou a turma. Mas uma atividade terapêutica nunca vai substituir a terapia propriamente dita. Elas são sim complementares, assim como a sua alimentação e uma boa noite de sono também fazem parte de uma visão de saúde integral.

A terapia teve um impacto tão grande em minha vida como as artes marciais. Especialmente porque ela parecia preencher aquela lacuna que havia nas aulas de luta: o tal "treino mental" que as artes marciais prometeram, mas não entregavam na prática. Os ganhos psicológicos com a arte marcial eram grandes, mas estavam mais relacionados à sua estrutura, disciplina e construção de um senso de capacidade. Mas a terapia me ensinou a identificar e reagir adequadamente aos meus próprios pensamentos e emoções. As duas forças juntas pareciam trabalhar muito bem.

Gostei tanto de aprender as técnicas da terapia que achava absurdo que as pessoas não tivessem a oportunidade de saber isso também. Com planejamento, após anos em outra profissão, juntei minhas economias, estudei e me formei em Psicologia, atividade que iniciei assim que abandonei meu antigo trabalho. Em seguida, fiz pós-graduação em Neuropsicologia, em Treinamento Desportivo e em Educação. Hoje, tenho a alegria de ver outras pessoas atingindo seu potencial e tomando suas escolhas com consciência de si mesmas, através do meu trabalho. Sejam elas atletas ou não.

Entre cidades em que morei e diversas artes marciais que treinei desde criança, fui descobrindo instrutores que ensinavam aspectos mentais sem perceber. Aos poucos, fui juntando experiências que tive com bons instrutores e me afastando cada vez mais das aulas que não ofereciam nenhum componente mental agregado ao treino.

Ao longo de muito tempo, treinei boxe, com diferentes turmas, professores e até em aulas particulares. Participei de competições como faixa-preta de taekwondo. Foram as duas artes marciais a que mais me dediquei. Fiz capoeira com uma turma de trabalho, pratiquei muay thai e experimentei brevemente os treinos de MMA. Mas também treinei muito em casa, sozinho, durante os feriados e finais de semana em que as academias não estavam abertas.

Desde criança pensava no formato das aulas que daria. Ao formatar minhas aulas como professor de boxe, usei o conceito de engenharia reversa de Geiger e Huber: catalogar técnicas e estratégias que funcionam na prática, seja a minha própria ou a de grandes campeões, e a partir disso ensinar todos estes conceitos em um currículo lógico e progressivo a partir de minha expertise técnica. A psicologia surgiu como a cereja do bolo para complementar a parte mental do treino.

Com a noção de corpo e mente, enfim, em equilíbrio, me restava uma tarefa nada simples: fazer a minha parte para que mais pessoas tivessem acesso a um treino que unisse corpo e mente.

Hoje, como professor, ensino boxe de uma maneira que acredito ser eficiente, mas que ao mesmo tempo fortalece mentalmente os praticantes para que eles possam tirar o melhor da sua prática. Haverá acertos e erros. Aí lembro que uma das coisas que a Psicologia me ensinou é:

ser feliz dá trabalho. Mas essa luta vale a pena.

Agora, aquele garoto que começou no judô e ainda não conhecia sua força mental sabe que pode cair e voltar mais forte. Afinal, seu Modo Lutador pode assumir o trabalho sempre que ele precisar.

REFERÊNCIAS BIBLIOGRÁFICAS

ANDRADE, V. M. ; SANTOS, F. H.; BUENO, O. F. A. (org.). **Neuropsicologia hoje**. Porto Alegre: Artmed, 2004.

ATLAS, T. **Atlas**: From the Streets to the Ring: A Son's Struggle to Become a Man. PUBLISHER: HarperCollins, 2009.

BANDURA, A. **Self-efficacy:** the exercise of control. New York: W.H. Freeman, 1997.

BARBANTI, V. J. Princípio da regularidade e durabilidade. **Dicionário de Educação Física e Esporte**. 2ªed, p.480, Barueri: Manole, 2003.

BARLOW, D. H; CERNY, J. A. **Tratamento psicológico do pânico**. Porto Alegre: Artmed, 1999.

BECHARA, A.; DAMASIO, H.; Damasio, A. Emotion, decision making, and the orbitofrontal cortex. **Cerebral Cortex**, 10, 295-30, 2000.

BECK, A. T.; ALFORD, B. A. **O poder integrador da Terapia Cognitiva**. Porto Alegre: Artes Médicas, 2000.

BECK, A. T.. Thinking and depression: idiosyncratic content and cognitive distortions. **Archives of General Psychiatry**, 9, 324-333, 1963.

BERNE, E. **Análise Transacional em psicoterapia**. São Paulo: SUMMUS, 1985.

BOMPA, T. O. **Periodização no Treinamento Esportivo**. São Paulo: Ed. Manole, 2001.

BOWLBY, J. **Uma base segura: aplicações clínicas da teoria do apego**. Porto Alegre: Artes Médicas, 1989.

BOWLBY, J. **Apego e Perda** Vol 3. Perda- tristeza e depressão (2a ed). São Paulo: Martins Fontes, 1988.

BREWER, J. A, MALLIK, S. BABUSCIO, T. A, NICH, C, JOHNSON, H. E, DELEONE, C. M, *et al.* Mindfulness training for smoking cessation: results from a randomized controlled trial. **Drug Alcohol Depend**.119(1-2):72-80, 2011.

BREWER, J. A, ELWAFI, H. M, DAVIS, J. H. Craving to Quit: psychological models and neurobiological mechanisms of mindfulness training as treatment for addictions. **Psychol Addict Behav**. Jun; 27(2):366-79, 2013.

CASTILLO, E. M. **O treinamento desportivo**. Cuba: [S.n.], 1994.

DANTAS, E H. .M. **A Prática da Preparação Física**. 3ª edição. Rio de Janeiro: Shape, 1995.

DAVIS, C. Compulsive overeating as an addiction disorder. A review of theory and evidence. JC **Carter Appetite** 53 (1), 1-8, 2009.

DEMPSEY, J. **Championship Fighting - Explosive Punching and Aggressive Defense**, 1950.

DUNDEE, A. **My View from the Corner: A Life in Boxing**. McGraw-Hill; 1ª edição, 2007.

EAGLEMAN, D. **Cérebro: uma biografia**. São Paulo: Rocco, 2017.

ERICSSON, K. A.; CHARNESS, N. Expert Performance: Its Structure and Acquisition. **The American Psychologist**, 49(8), 725–747, 1994.

ERICSSON, K. A.; LEHMANN, A. C.. Expert and exceptional performance: evidence of maximal adaptation to task constraints. **Annual Review of Psychology**, 47, 273–305. doi: 10.1146/annurev.psych.47.1.273, 1996.

FUNAKOSHI, G. **Karate-Dô: O meu modo de vida** (E. L. Calloni, Trad.). São Paulo: Cultrix, 1994.

GARDNER, B. A review and analysis of the use of 'habit' in understanding, predicting and influencing health-related behavior. **Health Psychology Review**, 9(3), 277-295, 2015.

GEIGER, K.; HUBER, R. **Reverse Engineering.** Institute for Computer Applications in Planning and Design, Karlsruhe: Faculty of Mechanical Engineering - University of Karlsruhe, 1994.

GOMES, A. C.; FILHO, N. P. A. **Cross training: uma abordagem metodológica**. Londrina: Apef, 1991.

HAIDT, J.. The Emotional Dog and its Rational Tail: a Social Intuitionist approach to Moral Judgment. **Psychological Review,** v.108, n.4, p.814–834, 2001.

HAIDT, J. **The Righteous Mind: Why Good People Are Divided by Politics and Religion**. New York: Pantheon Books, 2012.

HARRIS, T. **Eu estou OK, você está OK**. 8.ed. Rio de Janeiro: Record, 1997.

HERRIGEL, E. **A arte cavalheiresca do arqueiro Zen** (J. C. Ismael, Trad.). São Paulo: Pensamento, 1995.HESSEN J. **Teoria do conhecimento**. Coimbra: Armênio Amado, 1964.

HOUZEL, S.H. **A vantagem humana**. Companhia das Letras. São Paulo, 2017.

JONES, H. S; WILLIAMS, E. L; BRIDGE, C. A; MARCHANT, D; MIDGLEY, A. W; MICKLEWRIGHT, D.; MC NAUGHTON L. R. Physiological and psychological effects of deception on pacing strategy and performance: a review. **Sports Med**. Dec;43(12) p1243-57, 2013.

KABAT-ZINN, J.; LIPWORTH, L.; BURNEY, R. The clinical use of mindfulness meditation for the self-regulation of chronic pain. **Journal of Behavioral Medicine**, 8(2): 163-190, 1985.

KANDEL, E.R.; SCHWARTZ, J.H.; JESSELL, T.M. **Princípios da neurociência**. São Paulo: Manole, 2003.

LAMBERT, E. V; St Clair Gibson, A; Noakes, T. D. Complex system of fatigue: integrative homeostatic control of peripheral physiological systems during exercise in humans. **British Journal of Sports Medicine,** v. 39, p. 52 - 62, 2005.

LEAHY, R. L. **Livre de ansiedade**. Porto Alegre: Artmed, 2011.

LIEBERMAN, M. D. Social Cognitive Neuroscience: A Review of Core Processes. **Annual Review of Psychology,** 2007. p. 259-289. Disponível em www.annualreviews.orghttps://www.scn.ucla.edu /pdf/Lieberman%20(2006)%20Ann%20Review.pdf. Acesso em 16 out 2021.

LURIA, A. **The Working Brain: An Introduction to Neuropsychology**. Londres: Penguin, 1982.

MALTSEV, O. , PATTI, T. **Non-compromising pendulum**. Serednyak TK, 2018.

MATVEEV, L. P. **O processo de treino desportivo** 2. ed. Lisboa: Horizonte, 1990.

MASON, A. E; JHAVERI K; COHN, M; BREWER, J. A. Testing a mobile mindful eating intervention targeting craving-related eating: feasibility and proof of concept. **Journal of Behavioral Medicine,** 2017.

MENDES, M. A. Integração em psicoterapia: terapia do esquema e análise transacional (jogos psicológicos). *In*: MOSTRA DE TERAPIA COGNITIVO-COMPORTAMENTAL, 11., 2013, Rio de Janeiro. **Anais eletrônicos** da 11ª Mostra de Terapia Cognitivo-Comportamental. Vanessa Dordron de Pinho, 2013, p. 54. Disponível em: https://atcrio.org.br/wp-content/uploads/2017/06/decprimeira_anais1.pdf. Acesso em 05 dez. 2021.

MOSHER , A, FRASER-THOMAS, J; BAKER, J. What Define Early Specialization: A Systematic Review of Literature. **Frente. Lei do Esporte. Vivendo**, 2020.

MUSASHI, M. **O livro de cinco anéis**. Rio de Janeiro: Brasileira/Ediouro, 1996.

NETO, E.; BERTUSSI, G. Do que é feito um país campeão? Análise empírica de determinantes sociais e econômicos para o sucesso olímpico. **Nova Economia**. 25. 325-348, 2015.

PIRES, F. O, Lima-Silva A. E, Bertuzzi R. *et al*.The influence of peripheral afferent signals on the rating of perceived exertion and time to exhaustion during exercise at different intensities. **Psychophysiology**, 48: 1284-90, 2011.

SELIGMAN, M. E. P.; CSIKSZENTMIHALYI, M. Positive Psychology: An introduction. **American Psychologist Association**. Jan. 55(1): 5-14, 2000.

SELIGMAN, M. E. P. **Felicidade Autêntica: Usando a nova Psicologia Positiva para a realização permanente**. Rio de Janeiro: Objetiva, 2004.

SELIGMAN, M. E. P. **Florescer: Uma nova compreensão sobre a natureza da felicidade e do bem-estar**. Rio de Janeiro: Objetiva, 2011.

SQUIRE L. R. Memory and brain systems: 1969-2009. **Journal of Neuroscience.** 29(41):12711-6, 2009.

STEINER, C. **Os papéis que vivemos na vida: a análise transacional de nossas interpretações cotidianas.** Tradução: Schlessinger, George, Artenova, Rio de Janeiro, 1984.

THALER, R. From homo economicus to homo sapiens. **Journal of Economic Perspectives,** Nashville, v. 14, n. 1, p. 133-141, 2000.

TVERSKY, A.; KAHNEMAN, D. Judgment under uncertainty: heuristics and biases. **Science**, Nova Iorque, v. 185, n. 4157, p. 1124-1131, 1974.

TZU, S. **A arte da guerra** (J. Sanz, Trad.). Rio de Janeiro: Record, 1997.

WEINBERG, R. S.; GOULD, D. **Foundations of sports and exercise psychology.** 2. ed.Human Kinetics, 1999.

WILSON, B. **Memory.** New York: The Guilford Press, 2009.

YOUNG, J. E. **Terapia cognitiva para transtornos da personalidade: uma abordagem focada em esquemas.** Trad. Maria Adriana Veríssimo Veronese. 3ed. Porto Alegre: Artmed, 2003.

SOBRE O AUTOR

Tiago Canto é Neuropsicólogo. Bacharel em Psicologia e em Comunicação Social. Possui Pós-graduação em Neuropsicologia, em Treinamento Desportivo e em Educação Especial.

Atualmente, se divide entre os trabalhos como Instrutor de boxe e Psicólogo de atletas de alto rendimento e do cotidiano.

Mas acima de tudo, é um apaixonado por artes marciais, que acredita que a neurociência e as artes marciais podem mudar vidas para melhor. Especialmente quando trabalham juntas.

www.ingramcontent.com/pod-product-compliance
Lightning Source LLC
LaVergne TN
LVHW091448170726
843492LV00001B/90